おもろい人生ここにあり！

遠藤正一

鳥影社

おもろい人生ここにあり！　目次

プロローグ

第1章　生い立ち～中学生

第2章　中学・高校

第3章　大学時代

第4章　青春真っ盛り

第5章　聖隷福祉事業団創設者、長谷川保に見込まれて

プロローグ

脳科学の権威が教えてくれた、
親の愛が脳を育てるという事実
崖っぷち人生の渦中でも、
「ほがらかで前向き」を貫いてきた私の脳は、
母親の愛と貧しい環境によってつくられた

CHOCOLATE

「MRI脳相診断法」でわかった私の脳の俯瞰力

自分の半生記を書いてみようと思い立ったのは、脳科学の第一人者である加藤俊徳先生との出会いがきっかけでした。「脳番地」という概念を提唱しておられる著名な研究者だけに、加藤先生のことは著書やテレビなどを通じてご存じの方も多いと思います。私も「脳は鍛えればいくつになっても成長する」という先生のお考えを著書で知り、ロングライフグループでの講演や季刊誌での対談をお願いしたり、当社の運営する国際学会で審査員に就任いただくなど、深くお付き合いいただくようになりました。

私が加藤先生の著書に興味をもったのは、私たちの運営する有料老人ホームの入居者であるお客様の満足度向上という観点からでした。「脳がわかるとお客様への接し方がわかる」と聞いては関心をもたざるをえません。また、脳というのは加齢とともに衰えていくと一般には思われているけれど、実は「トレーニングすれば成長していく」というのが先生の説です。だから認知症は脳のトレーニングで遅らせることができるし、若返らせることもできると。そんな先生のお考えを知ったときはびっくりしました。

しかし、正直言って、本当か（？）と半信半疑だったのも事実です。私も仕事柄、毎日多くのお年寄りに接します。なかには認知症の方も多く、にわかには信じられない話だったのです。といってお客様の脳を診ていただくわけにもいきません。それなら、まずは私の脳を先生に診てもらおうと思いました。自分が実験台になって、ＭＲＩの画像から何がわかるのか教えていただき、自分自身で納得したいと思ったのです。

そして診断結果を聞いてまた驚きました。私の脳の場合、未来を見る〝脳番地〟が異常に発達しているということなのです。通常は大学生くらいの年代になれば、知識が増えて、冷静に考えたり、物事を客観的に分析する左脳が発達します。それなのに、私は大学生どころか、この年齢になって、しかも会社経営をしているのにもかかわらず、いまだに小学生か中学生並みの脳なのだそうです。右脳で考える、つまり直感で動いているということです。もっと言えば、一瞬でゴールが見えて、そこに向かって考えを組み立てていける俯瞰力がある、すなわち「俯瞰脳《ふかんのう》」だということです。

母親の見守りのもと、自分で考え行動する経験を重ねたことが脳のトレーニングになっていた

「なんでこんな脳になったんでしょうか？」

不思議に思った私は加藤先生に訊ねました。すると、

「たぶんお母さんの影響でしょうね」

という答えが返ってきました。

加藤先生は次のようにおっしゃいました。


子どものころに、お母さんの全面的な受容、全面的な愛があったから、遠藤さんはつねに「母親に守られている」という安心感のなかでリラックスして、自由に考え、行動できたのでしょう。逆に親が、これはだめ、あれは危ない、もっとこうしなさいと指図ばかりしていたら、子どもは自分の頭で考えたり、行動したりすることができません。だから小さいときに親がどれだけ子どもを見守りながら愛情をもって育てているかが脳の発達には大事なのです。


私の場合、貧乏だったことも関係しているのかもしれません。さまざまな問題をお金で解決できない以上、自分の知恵と労働でなんとかしようと考えるからです。

ちなみに愛のある見守りのなかで子どもを自由にさせることと「ほったらかし」とはまったく違います。どちらも子どもは自由に動けるのですが、親の見守りがあるから子どもは安

心して初めてのことやちょっとハードルの高いことにも挑戦できます。と同時に親があれこれ口出しをしないから、子どもは自分しか頼るものがない。そうやって自分で考える癖《くせ》がついていくのです。それこそが加藤先生のおっしゃる脳のトレーニングなのだそうです。私は小さいときから自由気ままに、ひとが何を言おうがおかまいなしに好きなことをやってきたつもりでしたが、実は母親の愛に見守られながら、知らず知らずのうちに脳のトレーニングをしていたということになります。

子ども時代から起業まで母親の愛に包まれて、明るく楽しく駆け抜けた半生

私としては、ただただ「明るく楽しく」をモットーに自分の人生を切り拓いてきたつもりが、実はその根っこに母親の愛情に育まれた「脳」の働きがあったと加藤先生に指摘され、母親への感謝の思いを新たにした次第です。

「遠藤さん、どんな子ども時代でしたか？」

と加藤先生に訊ねられ、思い出したことが多々ありました。私はどんな子どもで、どんな

ふうに育ってきたのか、何に悩み、どう問題を解決してきたか。それらを書き残しておくことが、若い人にとっては生き方や子育てに参考になるのでは、と思うようになりました。と同時に、これから日本の未来を担っていく若い人たちに、リスクを恐れず、自分の人生を自分で切り拓いていく楽しさを知ってほしいという気持ちもあって、私自身が「ロングライフ」を起業し、その基礎をかためるまでの事業プロセス（それもまた母親の愛と見守りなしには語れません）を含めた半生記を書き始めました。

もうひとつ加藤先生に指摘されたことがあります。ふつうの人はまず右脳でインスピレーションして、それを左脳で分析して、そこから言語野に行って言葉を発する、という順序なのだそうです。ところが私はというと、左脳を跳び越して右脳からいきなり言語野に行く。つまり左脳をバイパスしてしゃべっているわけです。私自身は理路整然と話しているつもりでも、まわりの人にはわからないということがよくあるはず。だから私の考えをしっかり伝えるには読み物にしたほうがいいのでは？　と先生に勧めていただいたこともあって一冊の本にまとめさせていただくことになりました。

なお、第1章から始まる本文は「僕は」という一人称で語っていますが、「僕」の語りだけでは、左脳をバイパスしているだけに一般の読者の方にはわかりづらいかもしれません。

そこで補足として客観的な解説文を挿入するという構成にしました。福祉や介護、ロングライフに興味のない方にも人生の参考書として読んでいただければ幸いです。

第1章　生い立ち～中学生

ないないづくしが、
アイデアと夢のゆりかご
なにもないなかで底抜けに
明るく育ててくれた母

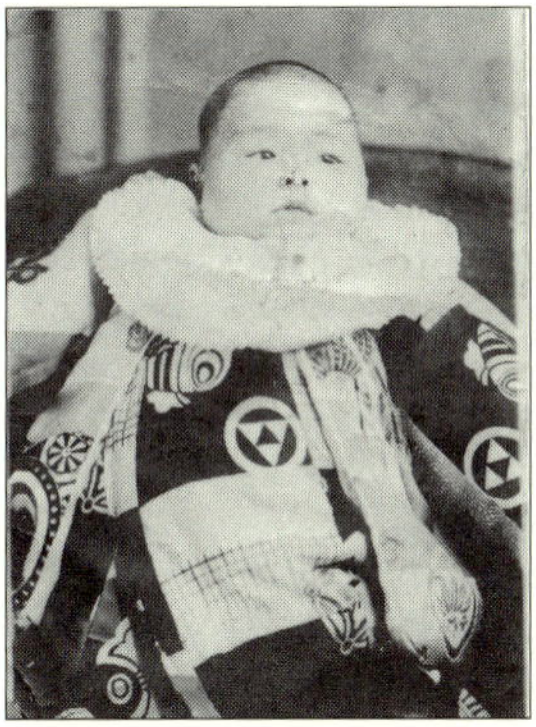

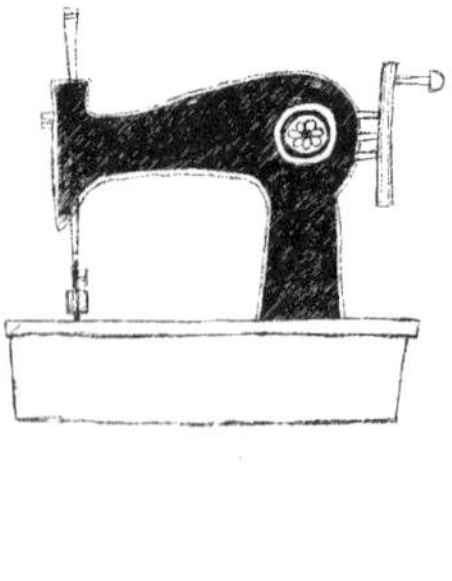

高度成長期のまっただなか、父親の顔を知らずに育った

一九五五（昭和三十）年六月二十八日、遠藤正一《まさかず》は大阪府高石市に生まれた。同市は大阪府の中南部に位置し、大阪湾に面している。現在の高石市の人口は六万人弱。隣接する堺市に消防を委託するほどの小さな自治体で、正一が生まれた一九五五年当時は市ではなく、まだ高石町だった（市制化は一九六六〈昭和四十一〉年）。ちなみに同市出身の著名人に元日本サッカー協会会長の川淵三郎氏がいる。正一の生家は高師浜一丁目一九番地一五号。そこは漁師町で、正一の父・卯一《ういち》は妻の正子とともに八百屋を営んでいた。正一は二男二女の末っ子として生を受けた。

卯一の一と正子の正の字をとって「正一」と名づけたんやろねえ。あの時代、父親と母親の両方の名前から一字をとって名前をつけるって、ちょっと珍しかったと思います。兄姉を紹介すると、長女は多賀子、長男は利一、次女が和子。それぞれ、昭和二十年、二十二年、二十五年生まれで、歳の離れた末っ子の僕だけが、なんでか両親の名前をもろてるんです。

正一が生まれ、幼少期にあった昭和三十年代といえば、二〇〇五年に封切られた映画『ALWAYS 三丁目の夕日』の世界である。日本は高度成長のまっただなかにあった。みんな貧乏だったけれど、人情があって、夢も希望もあった「古き良き時代」として回顧される。が、現実をいえば当時の日本はまだまだ発展途上で、人々は厳しい生存競争を生き抜いていかねばならなかった。その昭和三十年代初めに、卯一が胃がんで亡くなる。正一がまだ物心つかない二歳のときである。

だから僕は父親の顔を知らんのです。記憶にあるとしたら小さいときに見てたお葬式の写真がそれなんやろねえ。あとは実家の最寄り駅の「高師浜」から二駅離れた「羽衣」の公設市場に連れて行ってもらったことかなあ。それも自分の記憶なのか、あとから兄貴とか姉ちゃんから伝え聞いた話なのかあいまいです。

父親は黒い運搬自転車に付けた竹のカゴに、まるで犬を放り込むみたいにして子どもらを乗せて、南座という映画館に連れて行ってくれたそうです。あのころは家族で一日中映画館で過ごしたりしました。いまの東南アジアのようなもんですね。

父親が亡くなったのは四十歳くらいのときやったそうです。大阪の大野病院で手術したとか、あとになって聞きました。まだ国民皆年金、皆保険になってない時代で、病院に払う治療費がすごく高かったと言うてました。母親は、牛のロースの脂身を、父親の手術跡の傷口に塗ってたそうです。いまでは考えられへんことやけど、早く傷が治るようにということで。牛のロースを鍋で炊いて、その脂を塗るんです。逆に雑菌が多い気がするけどねえ。父親は生命保険も入ってなかったから、そら母親は大変やったと思います。

四人の幼子を抱え、父親の遺した八百屋で

一家の大黒柱を失い、家族の生活はすべて三十二歳の母・正子の双肩にかかっていた。十歳の長女から二歳の正一まで四人の幼い子どもを抱えて、正子は仕事と子育てに邁進《まいしん》する。自宅兼店舗で営んでいた八百屋は、南海線羽衣駅前にできた公設市場内に場所を移し、正子は末っ子の正一を連れ、自宅と市場を往復する毎日を送った。

母は僕が足手まといやから、三〜四歳で保育園に入れたかったんやけど、保育園に行ったらなんでかいじめられてねえ。それで泣いて泣いて、三日でやめてしもた。

そやから保育園に通うたのは小学校に上がる前の最後の一年間だけで、それまで僕は母親のそばにずっとくっついてました。

毎朝、眠たいなかで母親に起こされて、丹前を着せられて、朝一番の電車で、仕入れ先の木津の市場まで連れていかれました。木津の市場で野菜を仕入れて、そのあとは店に配達してもろたんやろね。

昔の駅は陰気やったなあ。裸電球がポツンとついてるだけで、それが不気味やったのが一番記憶に残ってます。なんでこんなところに来ているんやろと、子ども心に感じてました。

女ひとりの八百屋稼業は早晩立ち行かなくなる。けれども、どこかに勤めるといっても、いまのように女性が働く場所などそうそう見つからない時代だ。まして四人の子連れ未亡人で、学歴もなければ、大した職歴もないときては、キャバレーのような水商売ぐらいしか働き口はなかった。

あの時代のことやから、子どもらをバラバラにして親戚に預けるという選択肢もあったみたいなんやけど、

「それだけはしとない、子どもはやっぱり四人そろって育てるのが一番ええと思うた」

と、母親はのちになって言うてました。

工夫と遊び心で貧乏を乗り越えた母のすごさ

正子は夫の遺した八百屋を廃業すると、なんとか伝《つて》をたどって生命保険の外交員の職を得た。しかし、数年するとそれも行き詰まり、今度は着物の販売を始めた。商才というか、いまで言うコミュニケーション能力と人脈づくりに長けていたのだろう。やがて着物の得意客から求められて不動産の仲介業に手を染めることになる。いわゆる不動産ブローカーで、浮き沈みのある商売ながらも、正子は女手一つで家族五人の暮らしを立てていく。母は仕事に追われるように働いていたので当然、子どもをかまっている暇はなかった。小学校の授業参

観も、正一の記憶では母が来たのは六年間で一回だけだったという。

いまでも覚えているのは母親といっしょに行った保育園の栗拾いのこと。

「あんなん栗拾い言うても、先生が山にまいた栗を拾うだけや」

と言われたけど、それでも僕は母親といっしょに行けるのがうれしかってねえ。

そしたら行事の二日前に、僕の不注意からアイロンでやけどをしたんです。いまでもその跡は残ってるんですけどね、それがすごく痛くて。それでも栗拾いに行けんようになるのが嫌で我慢してたら、母親が「ちょっと出ておいで」と言うんです。ついていったら、南海電車の伽羅橋《きゃらばし》駅の近くに大きい家があって、その前の道端にアロエの植木がありました。母親はそのアロエの葉を勝手にちぎり取って、家に帰るんです。

病院に連れてってくれるもんやと思ったのに、あれは情けなかったなあ。こんなに子どもが泣いて痛がってんのに、なんで病院に連れてってくれへんのかと、子ども心に思いました。病院で治してもろたら栗拾いに行けるのに、貧乏は嫌やなあと。

家に帰ると、母は埃《ほこり》だらけの不潔なアロエの葉を裂いて患部に巻いてくれました。

そんなんで治るわけがないんですけど、母親は言うんです。

「お前な、やけどにはアロエが一番効くんやで」

結局、栗拾いは包帯を巻いて行きました。母親といっしょに出られるのがうれしかったし、いまとなってはええ思い出です。

母は工夫の人だった。テレビが壊れた、洗濯機が壊れたというと、電気店に修理を頼むのが普通だが、母は特別な道具も部品も使わず、器用に直してしまう。屋根瓦が傷んだときも、近所からはしごを借りてきて自ら屋根に上がって直した。畳の張り替えなども、数時間畳屋の前で職人の作業を観察して、見よう見まねで張り替えたという。お金がないから、知識や技術がないからとあきらめてしまわず、素人でもやればできるという信念のもと、チャレンジして実際にやってのける。そんな母の背中を見ながら正一は育っていった。

母子家庭だからこそ愉快で楽しい子育てを

母の正子は、貧しいなかにも生活を楽しむことを忘れない人だった。月に一度か二度、一日と十五日、〝生駒の聖天さん〟（真言律宗大本山「宝山寺」）に商売繁盛を祈願するお参りに行くと、帰りは必ず大阪ミナミの千日劇場に立ち寄ったという。千日劇場は、大阪市中央区（当時は南区）の千日前交差点南西角に位置した「千日デパート」の六階にあった演芸場である。

母親自身が気分転換をせなあかんと思ってたんやろね。まだ保育園の園児やった僕は、

「これは素敵なちょいと〜♪」

という、夫婦の浪曲漫才コンビ〝暁伸《あかつきしん》・ミスハワイ〟のテーマソングを、そろばんにゴムひもをつけたのをミスハワイが使う楽器のギロに見立てて、よう真似してうとたもんです。

「別れろ切れろは芸者のときに言う言葉、いまの私にはいっそ死ねとおっしゃってください」

とか、そんなませたセリフを、ずっと言うてました。保育園の先生に「どこで覚えたんや」とあきれられたくらいでねえ。

当時は日本人のほとんどが貧乏だった時代。それに輪をかけて貧乏だった遠藤家だが、母正子は子どもに惨めな思いをさせたくない一心で、服装や遠足でのお弁当の中身には気を使っていたという。

いつも半ズボンやったけど、特別変な格好やなかったねえ。母子家庭ということで、ほかの子どもと比べられて恥ずかしい思いをせんよう、よけい気を使ってくれてたんやねえ。

そやけど、家の食事が貧しかったせいか、小学校の給食はおいしかった。牛乳が脱脂粉乳であろうがなんであろうが、僕にはごちそうやったなあ。給食当番の子には、「少なめによそって」と言うてね。お代わりは自分でよそってええことになってたので、最初によそってもろたのを速攻で食べ終えて、すぐにお代わりをもらいに行ってました。もちろんお代わりは自分で山盛りによそいました。

＊コラム　千日劇場、母の日の悲劇

千日劇場は現在の吉本劇場のような演芸場だった。漫談あり、落語あり、歌謡ショーあり、大喜利《おおぎり》あり、華やかな出し物が次から次へと繰り広げられていく。幼児の正一に意味などわかるはずもなかったが、大人がみんな笑うからいっしょに笑った。そうして無意識のうちに体内に浸透していったお笑いの間やボケとツッコミのリズムなどが、いまも正一のキャラクターを特徴づける大阪流ユーモアのセンスの芯を形成していたのかもしれない。

千日劇場って、なんかうら淋しいとこやったねえ。あそこは江戸時代に処刑場やったとこで、だからどんな商売をやってもうまくいかんて言われてました。千日劇場は千日デパートのビルにキャバレーやなんかといっしょに入ってました。劇場の入口の前に馬の乗り物があって、保育園のころはそれに乗るのが一番楽しかった。

千日劇場がつぶれたあとはゲームセンターになって、火事になりました。有名な千日デパート火災、調べてみたら一九七二（昭和四十七）年五月十三日とあります。忘れもしない母の日やった。お母ちゃんにプレゼントしよと思って、布製の手提げバッグみたいな、安いもんですけど、それを買いに友だちと難波まで行ってたんです。千日デパートの入口にあったショーケースには大きなダイヤモンドが飾ってあって、「ごっついダイヤやなあ」と感心したんを覚えてます。ほんで帰ってきて、夜にテレビを見てたら火事のニュースでした。びっくりしたねえ。キャバレーで働いていた女性は、ほとんどが子どものいる母親で、それもあって「母の日の悲劇」と言うたんですねえ。

千日劇場はしばらく焼け跡のまんまやって、それが後に専門店ビルの「プランタンなんば」になって、いまは「ビックカメラ」ですわ。

小学生で覚えた労働の喜び

家が貧乏だから、当然お小遣いもない。正一は、小学校五年生のときに働いてお金を得ようと思った。昔、家で八百屋をやっていたから、自分も八百屋でなら働けるのではないかと考えて――。

日高君という友だちの家が八百屋やったので、彼に頼んで配達の仕事をさせてもろたんです。一日二十円やったか五十円やったか覚えてへんけど、お駄賃みたいなもんです。初めて自分で使えるお金が手に入ったからうれしかったなあ。

お金が三、四百円たまると、母親にたずねたんです。

「お母ちゃん、僕、アルバイトしたんやけど、そのお金、使うてもええ？　お母ちゃんがいるんやったら、いるて言うて」

そしたら、

「お前が働いたんやさかい、お前が使うたらええ」

と言うてくれたから、それで魚肉ソーセージを買うたんです。

現代では子どもはみんな平等という考え方が一般的だろう。兄弟のなかで差をつけて育てる親はあまりないはずだ。しかし、昭和三十年代の遠藤家ではあからさまな長子優遇だった。たとえばおかず。長男の兄の弁当にはいつも入っていた魚肉ソーセージが、正一の弁当にはなかった。

そやから僕もお金があったら魚肉ソーセージを一本まるごと思いっきり食べたかった。一本三十円くらいやったかなあ。八百屋の向かいが肉屋で、配達が終わったらすぐ向かいで魚肉ソーセージを買うて、だれかにとられたらあかんから近くの高石神社まで走っていって、喉《のど》を詰まらせながら食べたもんです。おいしかったねえ。

労働の喜びといえば、クラスのみんなと「新聞切り」をして、教室に時計を買った思い出がある。当時は時計も高価で、学校の教室ごとに一台そろえる購入予算もなかった。そこで学級会で話し合い、生徒みんなでお金を出し合って時計を買おうということに、いったんは決まりかけた。

時計を買うからと、母に三百円欲しいと言えるかなと思い悩みました。そうするうちに、それは違うという意見が出たんですね。みんなで使うものだから、みんなでお金を稼いで買おうと。金持ちの子も貧乏人の子も平等にやろうということで。

みんなで知恵を出し合って、古新聞を集めて八百屋さんなんかの商店で使う包装紙として売ったらどうかということになりました。小学生のやることやさかい、店をまわったら買うてもらえたんです。それに味をしめて今度はドッジボールを買おうということになりました。そういうおおらかな時代やったんです。先生からも親からも町の人からも、なんのクレームも出ませんでした。

母の正子は、正一が自ら働いて小遣い稼ぎをするのを黙って見ていた。小さなことでもおろそかにせず、約束をたがえず、最後まで責任を果たしているのかどうか。子どもがすることとはいえ、金銭がからむ以上は、なにか問題が起こったときは親として口出しをしなければばならないと考えていたに違いない。しかし、結局はなんの問題も起きなかった。

僕が働いて小遣い稼ぎをするのを見てたから、母親も僕のことを信頼してくれてたんやと思います。この子は変わってるけど、大成功するかどうかは別にして、真面目にやってたら失敗することはないやろと。

のちに起業するときも、一言も言わんと自分の家を担保に差し出してくれたのは、この子はちゃんと働く子や、怠けたりズルしたりする子やないから、本人がやりたいと言うんやったら、やらしてやろうと信じてくれたからやと思います。これで失敗してもいい、家をとられてもかまへんくらいに思ってくれてた。それぐらい僕に対する愛があったんやと思うし、その愛に対して僕も応えなあかんと思うてました。

勉強は苦手だけれど何かひとつトップになりたかった

〝目立ちたがり〟とは、正一本人が堂々と自認している。だれより目立ちたいという強迫観念にも似た衝動はすでに小学生のころから育まれていた。その根底にあったのは自分はひと（他人）とは違う、ひととは異なる人生を歩みたいという強烈な願望かもしれない。

　自分は変わった人間やさかい成功するかもしれんけど失敗するかもしれんなあ。それで野垂れ死にするかもしれんなあ。そんなことを小学校三年か四年のときに考えてました。そのころの教科書に、気になる文章があってねえ。

「小学生のときは面白い子も、大人になったらみんなふつうになっていく」

という内容でした。

小学校５年生

「嫌やなぁ、こんななったら」

と思ったもんです。

そやから僕は、ひとと違うことをやろうと思ったんです。

　小学五年生で通い始めたそろばん塾を、同級生が次々抜けていくなかで、最後まで続けたのも目立ちたい一心からだったという。

そろばんで食べていけるとは思わんかったけど、何か一つぐらい特技が欲しかった。みんなとは違うことをやろうと思ってて、みんなが辞めるなら僕は続けようと思ったんやね。天邪鬼《あまのじゃく》なんやなあ。ひとと同じことをやっていたらあかん、ひとと同じことやってたらひとと同じになるし。とにかく目立ちたかった。後の高校時代、みんながタバコを吸ってるのに、僕だけ吸わなかったのも、真面目というより、ひとと同じが嫌やったからやね。

小学校の得意科目は社会科。他の科目ができなかったせいもあるが、ひととは違う得意科目をつくらないといけないと思っているから、なおのこと社会科が好きになっていく。そこから必然的に社会に目を向けることになっていった。

小学校で一番影響受けたのは五年六年の担任の先生でした。共産党系の先生で、授業では沖縄問題とか政治のことばっかりやってたんです。そのせいで僕は中学に入ってからも沖縄問題に興味をもって勉強してました。

背伸びして年上の兄貴の本を読んで、孫文がすごいとか友だちに言うてましたね。アダム・スミスの『国富論』とかリンカーンの演説とか、いろいろ読んでて、目立ちたがりやから生徒会にも立候補して。

「人民の人民による人民のための政治」をもじって、「生徒の生徒による生徒のための生徒会を」というキャッチフレーズを考えて、それで二年生のときに書記に当選したんです。

大学入試の模擬試験では政治経済で学内トップの成績やったなあ。これはすごいと自分でも思った。そやけど実は政治経済で受けているのは三人しかいなかった。それでも全国レベルでは五百人中で十何位に入ってたんやけど。

自分はひとと違う人間で、ひとと違う生き方をしたいと思う一方で、正一は小学生ながら将来が不安になることがあった。ひとと違う生き方をして、野垂れ死にするようなことになるのではないかと……。

ある人にその不安を打ち明けたら言われたんです。

「それは心配せんでええ、お前は働くのが嫌いやないから絶対食べていける、野垂れ死にすることはない」

それを聞いて、腑《ふ》に落ちた。そうか、僕は働くのは嫌やないから、食べるだけやったら食べていけるわと。それやったら変わったことをやってても生きていけるなと。

働く母がいまの自分をつくってくれた
だから死ぬまで〝お母ちゃん大好き人間〟

八百屋、生命保険のセールス、着物の行商、不動産ブローカーと職を変えながらも、たくましく子ども四人の生活を支えてきた母・正子。正一が中学生のころに母が始めた不動産仲介業は、元手いらずで、電話一本でできる商売だった。とはいえ、固定収入がないだけに、毎月のやりくりでは、それなりの苦労はあっただろうと正一は推察する。

山の売買の仲介をやったりしてたねえ。高野山で、ここからここまでがうちの土地ですと案内する地主さんについていったら、その人がくぼみにはまって帽子だけが浮いて見えてるような状態やったとか話してました。それぐらい深い山中に入ったという話ですね。

「お母ちゃん、いままで生きてきて何がおいしかったいうて、高野山まで行って、そこで地主さんにもろたおにぎりで滝の水を飲んだんが一番おいしかったわ」

母親が語った、そういうなんでもないエピソードがいまも印象に残ってます。

まさに山師かなあ。そんな仕事が年に二〜三件もまとまれば金額も大きくて、それで僕は学校に行かせてもらったようなもんです。

ただ、母はときどき、ひとから諭されてたみたいです。

「クジラばっかり追いかけるんやなくて、サバとか小さい魚もやらんとあかんで」とね。

商売は変幻自在であるべし

「こうあらねばならないと思い込んだら失敗する」というのが、経営者としての正一の信条だ。現実に合わせて、どうやったら問題解決ができるかと考えなくてはならない。そういう発想をするようになったのも、状況に合わせて転身してきた遠藤正子という母の背中を見ていて会得したものなのかもしれないと正一は考えている。

母がいてくれたからよかった、と思える転機が僕には何べんもあったねえ。公私にわたって母が助けてくれたから、いまの自分があると断言できます。

よう、死ぬ前に何が食べたいかと言いますよね。ぼくがその質問をされたら、何を食べるかより、「どんな人とどんなシチュエーションで食べるかが大事や」と答えるやろね。

その意味では「家族に囲まれて食べるお茶漬け」と答えるのが正解かもしれんけど、僕の場合は母親といっしょに食べるなにかやろなあ。

うちの妻が言うたことがあるんです。

「お母さんが死なはったら、あんた狂うんちゃうかと思った」

それぐらい僕は母が好きやった。ずっとずっと〝お母ちゃん大好き人間〟なんですわ。

第2章　中学・高校

脇役を極めれば主役になれる
それが人生だ
人を喜ばせれば喜ばせただけ
自分が輝ける！

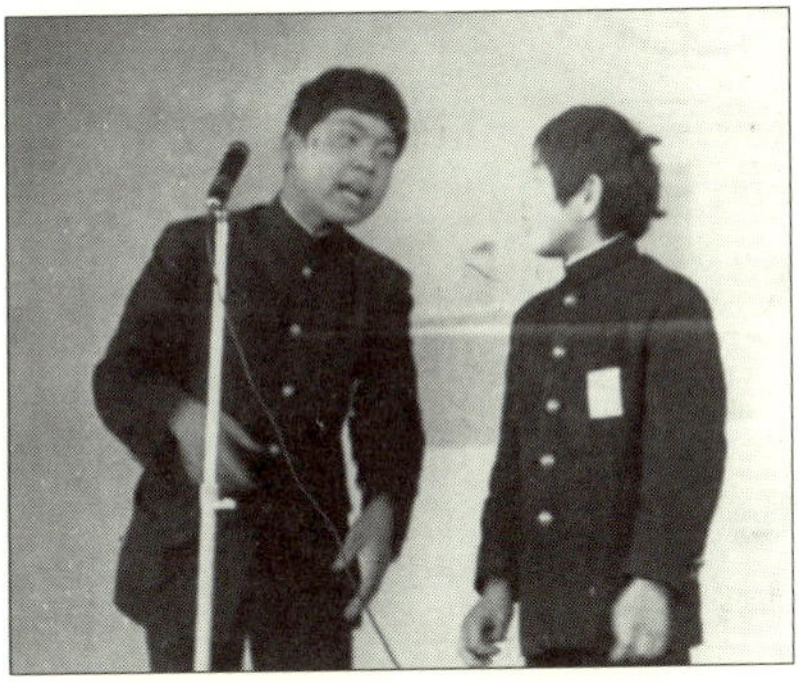

全校集会で漫才を披露（中１）

強制異動反対運動で母への不当な圧力に憤り

正一が政治家を志した、その最初のきっかけは、中学二年生になる前の春休みに起こった出来事にあった。通っていた市立中学校の教育熱心な先生たちが他校へそろって異動させられるという噂が駆け抜けたのである。正一は同級生から「強制異動」に反対する運動に誘われ、参加したことで、その後、母にかけられた「圧力」を知ることになる。陰険で不当な力を無力な人間に発した社会への憤りが、まだ幼かった正一の心に火をつけた。

「話があるから来い」

春休みに、小学校からいっしょやった友だちに呼ばれたんです。

「行くわ」

春休みで暇やった僕は、なにもわからず軽い気持ちで返事しました。

呼ばれたのは中学の「社会哲学部」という文系クラブの集まりでした。小学校の同級生はその部員やったんです。

社会哲学部の連中が言うには、教育委員会の幹部が教職員の組合活動を弱体化させるために、組合活動をやってた先生を狙い撃ちで強制的に異動させたということでした。聞けば、異動させられたんは、僕らの好きな先生ばっかりやった。教育に熱心な先生は組合活動にも熱心やったから。

それで、みんなでこの異動に反対しようということになって、

「遠藤、お前がリーダーになってくれ」

と、なぜか祭り上げられてしもうて。

「ほな、やるわ」

と、僕もまたその場の勢いで調子に乗るんです。

反対運動には校内で三十人集まって、僕がその代表になりました。

まず署名運動をやろうということで、三人一組で中学校区をみんなで回りました。同級生の家を回って親に署名をもらうんです。

「僕らの好きな先生が異動させられないよう、署名をください！」

て言うてね。そしたらなんと一週間で二千五百人分も集まりました。それを持って僕は校長と話をした。そしたら校長に人事権がないってことがそのときわかるんですね。人事権があるのは高石市の教育委員会やった。それで今度は教育委員会に行くわけです。

そのうちにだんだん運動が盛り上がってきて、ほかからも声が上がってきて、教職員組合も僕らの側につく。それで教育委員会でも話がつかず、市長に権限があるということになって、今度は市長と談判するとかいうことになりました。

その当時、一九六九（昭和四十四）年一月には、東大安田講堂事件が起こった。全共闘や新左翼の学生が、東京大学本郷キャンパス安田講堂を占拠して、連日テレビ中継されて国民の目が釘付けにされた。その数ヵ月後のことだったので、「とうとう中学にまで学生運動が広まった」と大人たちは騒ぎだし、マスコミまでもが動きそうになった。

そんな時期に、突如として母親が僕に言い出したんです。

「お前はなにをやってるんや、そんなことやめとき」

意外な言葉でした。それまで僕がやることに口出しするような母親やなかったのに、なんでか言い出したんです。それでよう聞いたら、市会議員なのかだれなのかわからないけれど、うちの母親のところに来たんやそうです。

「お前とこの息子は、あんな学生運動みたいなことをやってる」

「お前とこは、お上に世話になってる母子家庭や」

「そのくせに、なんでそんなお上に楯《たて》突くようなことをするんや」

まあ、いろんなことを言われたみたいでした。


あとからそれを聞いて、僕はすごく悔しかったたねえ。

息子を信じて、なんでも自由にさせてくれてた母親に、そんなことを言わせるように仕向けてきた。そこまでして僕らを押さえつけにくる社会、それに腹が立った。母親にそんなことを強いる社会が、たまらん嫌やった。

「僕は政治家になって世の中を変えんとあかんのちゃうか」

そんな使命感が僕の胸にむくむくと湧き上がったんです。

母になにを言われようと、リーダーになった以上、素直に引き下がれるような問題ではなかった。むろん意地も、正義感もあった。ただ母が困る顔を見たくなかった。最終的には反対運動の甲斐もなく、強制異動は実行された。正一たちのささやかな抵抗は春休みの一週間ほどで終わりを告げた。

いまから思うたら、組合の先生方に利用されたんかもしれません。自分たちは表立って動けへんから生徒を使って反対運動を起こさせたのかも。真相はわかりませんけど。大人の入れ知恵がなかったらあそこまでできてなかったと思いますね。

その後、僕は組合側の先生にはかわいがられ、管理側の先生方には目の敵《かたき》にされました。内申書は最悪です。でも、運動をやってるなかで僕は校内で有名になってきて、それでなにかあったら、

「遠藤、どやねん」

と声をかけられるようになりました。それまでクラブ活動とかなんもしてなかったのに、中学二年の一学期で、クラスで選ばれて全校生徒会の書記になりました。言われたらまたやるほうだから引き受けました。

〝これくらい俺でもできる〟と「素人名人会」に漫才で出演

昭和三十五年から平成十四年にかけて「素人名人会」（毎日放送）というテレビの人気番組があった。文字どおり素人が参加して、歌謡曲、漫才、落語、日本舞踊、民謡、マジックなど幅広いジャンルで「芸」を競い、賞金のかかった名人賞を目指した。歴代の名人賞受賞者のなかには六代目桂文枝、笑福亭鶴光、オール阪神・巨人、桂南光、海原千里・万里、宮川花子、川中美幸、坂本冬美などが名を連ね、「スターへの登竜門」とも言われるようになる。

中学一年生だった正一はテレビを見ていて、ふと思った。


こんなんやったら俺でもできる！

横山やすしもそう思うたそうですね。僕は小さいときから千日劇場でいろんな芸能を見てきてるさかい、こんなんでテレビに出られるのかなと思ったんです。

「ほな、俺もやろかなぁ」

と言うと、母親は、はっぱをかけてくれました。

「お母ちゃん、楽しみやわぁ」


中学の同級生の松岡君という小柄な子に声をかけました。

「俺が全部教えるからやらへんか」

「やるわ、やるわ」

即決です。

それで二人で漫才を始めたら担任の安井先生が聞きつけて、勝手に毎日放送に申し込んでくれたんです。

「お前ら、せっかくやから出たらええ。予選には俺がついてったるから」

安井先生は大学卒業したての新人教員で情熱があったんやろねえ。度胸をつけさせるために職員室で僕らに何回も漫才をやらせました。


その次は全校集会でやれと言われてねえ。二人が今度予選に出るから練習させてくださいと校長先生に頼んでくれました。

「そら、おもろいなぁ」

校長先生もノリのええ返事して、僕らを応援してくれました。

で、やってみたら校長先生の堅い話のあとやから、ものすごい爆笑。どっとウケた。この朝礼漫才を予選に行くまでに何回もやらされたねえ。えらいもんで、そのうちほんまに度胸がついてきた。安井先生の作戦的中でしたね。

それで毎日放送に行って予選で合格しました。うれしかったねえ。

「素人名人会」の収録は、うめだ花月でありました。司会は西条凡児さん、審査委員は大久保玲さん。テレビでやったのは戦争がネタの漫才でした。二人で戦車に乗ってるという設定で。

「ケガしたケガした！　敵に撃たれた！」

「ほな、薬塗れ、おい、なに塗っててんねん？」

「エビオス」

「エビオスではあかんやろ」

「ほな降伏せえ、日の丸あげて、それ、なにあげてんねん」

「ヒガシマル」

というオチで。中学生の凸凹コンビやから、かわいらしいと思われたんでしょうね。敢闘賞をいただきました。

正一は高校生のときにも「素人名人会」に漫才で出演し、名人賞を勝ち取っている。さらに名人賞漫才コンビということでラジオ番組のお笑い勝ち抜き戦にも出場し、ここでも五週を勝ち抜いて「王者」となった。実力ももちろんだが、正一が仕掛けた「組織票」のおかげもあった。


高校で寺田君という同級生が声をかけてきました。

「遠藤、漫才やってたらしいな」

彼は民謡が得意で声が良かったんで、ふたりで夫婦漫才の暁伸・ミスハワイのモノマネをやることにしました。

「これは素敵なちょいといかす〜」

僕が歌うと、彼が甲高い声で応える。

「アーイーヤー」

これ、ウケましたねえ。

「素人名人会」で賞を取ったことで、ラジオ番組も出たらと勧められて、五週勝ち抜き戦に出ました。スタジオは大阪市・天王寺区の「アポロビル」にありました。高校二年のときでした。司会が桂ざこばさん。当時は朝丸さんでした。そのころいっしょにラジオに出てたのが、のちの人気漫才コンビ、オール阪神・巨人の阪神君です。

阪神・巨人の結成は一九七五（昭和五十）年で、二〇一五年に結成四十周年やそうですね。えらいもんです。そやけど、高校時代の阪神君、本名は高田君ていうんですけど、僕より一つ年下やったかな。彼は一人で声帯模写をやってて、いつも一〜二週目で落選をくり返してました。

番組で五週勝ち抜きするいうたら、めったにないことなんです。それができたんは僕らとあと何組かしかいてません。ネタも毎週変えんとあかんし、けっこう難しい。でも、僕らには作戦があってね。実は友だちをみんな家に集めて投票ハガキを書かせてたんです。言うたら組織票です。毎週、僕らの票が百枚ぐらい入るから五週勝ち抜けたというわけです。

あるとき、高田君が家に遊びに来て、僕に頼みました。

「漫才教えてくださいよ」

「その代わりにモノマネ教えてや」

「ジャイアント馬場はこないしますねん」

僕のリクエストに応えて高田君はいろいろ教えてくれたなあ。

ひとつ彼が偉いと思うたのは、うちの母親が将来のことをたずねたときです。

「将来どないすんの？」

「おばちゃん、ぼく、漫才師になるねん」

高田君、はっきり宣言しました。高校一年生ですでに漫才師の未来に自分を賭けてたんですね。僕は彼より年上やったのに、将来のことなんて、まだなんも考えてませんでした。

中学・高校では超有名人
みんなを喜ばせることに真っ直ぐ

中学・高校と漫才でテレビに出ていた正一は学校では超有名人だった。生来の〃目立ちたがり〃気質から、高校の入学式では「俺は卒業式までに、この舞台の上に何回立つかな」と思ったという。もちろん高校一年生からずっと学級委員長。二年生前期で体育祭の実行委員長、二年生後期で生徒会長になった。「長」と名の付く役職で「人を動かす」醍醐味とやりがいを覚えたのはこのころからかもしれない。

「遠藤、お前、体育委員やから実行委員長をやれ」
体育の先生に言われて、実行委員長になって、その次は生徒会の委員長になって文化祭をやって。あのときに、人というのはどうやったら喜んで動くのか学んだと思う。人をおだてて励まして、手本を見せて、いろいろ邪魔くさいけれども、そういうことをやってたら結局は自分のためになるんやねえ。

それに自分から上に立ってやりたいと言っても、ひとから推されないとやれるもんやないんです。立候補したのは僕しかいなかったけど、信任投票で九十何パーセント以上の得票でした。うちのクラスで一人だけ僕に入れてないやつがいて、そいつに会うたらいまだにそのことを蒸し返して責めてますけどね。

従来と同じことをやったのでは面白くないと考えるのが正一の性格だ。体育祭も、これまでと違うことを、と意気込んで工夫した。クラブ対抗リレーで柔道部員は畳を持って走るとか、陸上部とのハンデをなくすためバトンを氷にするとか……アイデアは次々湧いてきた。

母親が工夫してなんでもやっていたのを子どものときから見てたので、自分もなにか考えんとあかん、進歩がないと考えてました。そうやって斬新な競技ばっかり考えてたら、ある日、体育の先生から呼び出されました。

「お前の考えたプログラムはおもろいけど、クラブをやってない生徒にとったら年に一回、みんなの前で自分を見せる場なんやで。ちゃんとした競技もやれ」

言われて、なるほどなと思いました。それで従来の競技もかなり復活させました。でも、これまでなかったＰＴＡ会長賞や校長賞を出してもらうよう交渉して、トロフィーもつくってもらいました。そうやって賞をいっぱいつくったので、みんな頑張ったねえ。おかげで体育祭がめちゃめちゃ盛り上がりました。

キャンプ活動にサイクリング旅行
夏の愉快な思い出

正一は、小学生のときに高石市の子ども会「伽羅橋《きゃらばし》クラブ」に入会していたおかげで、野球にキャンプにと課外活動を楽しむことができた。その記憶があったから、高校生になってからは、ボランティアスタッフとして高石市の教育キャンプ場で夏休みを過ごした。電気も

紀伊半島一周の自転車旅行

水道もないキャンプ場での愉快な生活。その経験が大学生になった正一を、思わぬ方向へと導いていく。

そしてもうひとつ、正一の運命の転換点へとつながる冒険旅行が高三の夏に始まった。


「サイクリングに行こう」

高校三年の夏休み、大学受験があるというのに、友だちと三人で、紀伊半島一周の自転車旅行をしようということになりました。お金はひとり一万円ずつくらい持ってったかなあ。最初の目的地は白浜。

途中、喉が渇くけど飲み物を買うお金がもったいない。

「あ、スイカが落ちてる!」

スイカが落ちてるわけないいんやけど、そんなこと言うて、スイカを拾っては割って食べてまた走ってと、ほんまに悪いことしましたねえ。

一泊目は白浜の旅館に泊まりました。

「どんな部屋でもいいから泊めてください」

旅館の人に頼み込んで、布団部屋みたいなところに一人千円くらいで泊めてもらったかなあ。その次の日は椿温泉で、同じようにして旅館に泊まりました。

「そやけど、こんな旅館ばっかり泊まってたらお金がなくなるで」

三人で話し合うてて、翌日、串本に着いたときにちょうど教会が目に入ったんです。

「重荷を負うて疲れた者は休みて来たれ」

聖書の引用らしき言葉が入口に書いてありました。

「これや！」

とばかり教会に入ったんです。

「実はおいはぎみたいなのにあいました」

「若い兄ちゃんに脅かされて、カツアゲされました」

まだお金はあるのに、泊めてもらいたい一心で嘘を言うたんです。

牧師さんはそれでも僕らのためにちゃんとお祈りしてくれて、礼拝をしてくれて、泊めてくれました。

「申し訳ないなあ、こんな嘘をついて」

僕らもあとで反省しましたけどね。

それからです、教会というものに興味を持つようになったのは。なんか困ったことがあったとき、悩みがあったとき、思うようになったんです。

「教会に行ったら、なんとかなるんちゃうか」

政治家になりたくて法学部へ

小学校の先生や読書の影響で社会に目を向けるようになっていた正一の胸の内には、いつしか政治家になって世の中を変えたいという思いが湧き上がっていた。ただし、それは漠然とした憧れであって、確固とした志とまでは言えなかった。だから高校三年の進路相談では別な願望を口にしている。

体育の先生になりたかってねえ。それで体育の先生に相談したら、

「ええんちゃうか」

と励ましてくれました。そのあとで担任の北垣先生に相談したんです。そしたら、ズバリ言われました。

「遠藤君、体育の教員もいいけど、それで一生終わるよ」

「ほんまは何をやりたいの？」

そう聞かれて、本音が出ました。

「実は政治家にも憧れています」

「ほな法学部に行きなさい」

北垣先生は女の先生やったけど、僕がなにか大志のようなもんを胸に秘めてると直感したのかもしれません。


政治家になろうと思うたんは、中学で例の強制異動反対運動をやってたとき、

「お前んとこ母子家庭やから、そんなんやったらあかん」

と言われたことがあったて話しましたね。そのときすごく腹が立ったんです。

「俺は社会への影響力を持たなあかん」

あれ以来、強烈に思うようになりました。それで単純に「政治家になるんや」と心に決

めました。

大学の学費はなんとかなると思ってました。その当時はいまよりだいぶ安かったし、それと母親に対する甘えもあったと思います。俺がやりたいと言うたらお母ちゃんはなんとかしてくれるやろという甘えが。実際、母親はなんにも言わんと大学に行かせてくれました。

第３章　大学時代

ボランティア・アルバイト体験で「福祉」と「商い」の根っこに触れる

正一は昭和四十九年、近畿大学法学部に入学。直後に大学で募集していた大阪府立野外活動センターのボランティアスタッフに応募して、そこで出会ったのが北村――（現在の副社長）だった。

春のトレーニングキャンプに参加して、同じテントで寝起きしたのが北村でした。

「お前、近大か、俺も近大や」

と意気投合しました。彼は農学部やったね。

その北村と高校時代の友だちとでサークルをつくりました。「キャンプカウンセラー」という、自然体験を通じて子どもたちとともに遊び、楽しみ、互いに学び合おうというボランティアとしての活動をするためのサークルです。高校時代にやってた野外活動だけやなくて、カウンセリングについてもいろいろ勉強しました。

自閉症の子どもとの出会い

部活の一方で、生活費を稼ぐため、正一はアルバイトに精を出した。そのひとつが家庭教師のアルバイトである。そのときの教え子として出会ったのが、たかあき（仮名）という小学生だった。履歴書に書いた「キャンプカウンセラー」の経験が注目されて、家庭教師派遣会社から小学校三年生の自閉症児の家庭教師にと指名されたのだ。

そこは大変な家でねえ、文化住宅の二階に親子三人で住んではりました。お父さんとお母さんには精神的な病があって。週に二回、家庭教師で行くたんびにお母さんが泣いて泣いて、たかあきの勉強どころやないんです。ただただ延々とお母さんの話を聞くだけ。

そのとき僕はまだ十九か二十歳です。お母さんは三十五～三十六歳か四十歳くらいやったかなあ。もうずっとしゃべり続けるんです、自分の人生のこと、つらかったこと。その間、お父さんはじっと下を向いたままでした。

お母さんにしたら僕にしゃべるしかなかったのかもしれないけど、だんだんその家に行くのがつらくなってきました。毎回行くたびに何時間もお母さんの愚痴とも泣き言ともつかんことを聞かされて、相談されて。十九歳やそこらの僕なんかでは受け止めることができるわけないんです。まだ自分の人生も真剣に考えてないような若者やったしね。明日だれと遊びに行こか、彼女とどこ行こかとか考えてるような、そんな僕みたいな者に頼ってもろてもどうしようもないのにと。

そのうち本当に耐えられんようになっていきました。

家庭教師を始めて半年ぐらい経ったころ、とうとう本人が学校に行かんようになりました。それで僕は毎朝早めに家を出て、たかあきを学校まで送り届けに行ったもんです。それを一週間ぐらい続けてたら、眠たいし、なんでこんなことをやっているのかと思うようになりました。

この子はどうしたいんやろ、集中力がないし、小学校三年生で足し算もできない、自分の名前すら漢字で書けない。電車の真似ごとしかでけへんし。その子をどうしてあげたらいいか、さっぱりわかりませんでした。

週二回、家に行って時間は潰せても、なにをどうしてあげたらいいのか、どこまでどうしてあげたらいいのか、手段も目標もわからなかったんです。

「いったいこの子は、なんのために生まれてきたんや。なんでこんな苦労するために生まれてきたんや」

と悩みました。

何のために自分は生きているのか

何のためにつらい運命を背負って人はこの世に生まれてくるのか……。真面目を絵に描いたような青年だっただけに、正一の続ける答えなき問いは、いつしか鋭い刃となって自分に向かうようになっていった。

「遠藤、お前は何のために生まれてきたんや」

「お前、あの子をかわいそうかわいそうと思うてるけど、お前自身は何のために生まれてきたんや」

そんなふうに考え込んでしもたんです。

「人間の体はどこもかしこも、たとえば耳の毛にかて虫が入らんようにという目的があって生まれてきてるのに、この僕自身は何のために生まれてきたんやろ」

兄貴や母親に聞いても、納得いく答えは得られません。

「そんなもん、飯を食うために生まれてきたんやないか」

「そんな難しいこと考えんとき」

結局、答えはだれも知らんのです。


生きる目的がわからない。

そのことが若くて一途な正一を追い込んでいった。

「目的がわからない人間が生きていたら空気の無駄遣いや」

「俺が死んだら、一人分の空気が汚れへんのやから死のう」

そこまで思い詰めて正一は町をさまよい歩いた。そして気づくと教会の前に立っていた。

家からほど近い浜寺石津町にある日本キリスト教団石津教会だった。

高校生のときに泊めてもらった串本の教会の思い出がよみがえる。

「教会に行ったら何とかなるのちゃうか」

すがるような思いだった。


教会に入ったら牧師さんが出てこられました。

「先生、僕、わからないんです。自分が生きている目的が」

僕は、二時間、三時間、四時間、泣きながら、自分がいかにいかにつまらない人間かということを告白しました。牧師さんはずっと黙って話を聞いてくれました。人前であれだけ泣いたんは初めてやったです。

それから教会に通い始めたんです。その初日に思いました。

「そや！　僕が生きる目的がわかった！」

「神様と隣人のために生きることや！」

目の前にいる人に喜んでもらうこと。自分のまわりにいる人に喜んでもらうこと。出会った人すべてに喜んでもらうこと。このために僕は生きているんやと、そのときひらめいたんです。


正一はそれから石津教会の礼拝に出席を続け、一年後の二十歳には洗礼を受けてクリスチャンになった。毎週教会の礼拝に参列し、牧師の説教と聖書の言葉を聞きながら、さまざまな振り返りをし、神への祈りと感謝を捧げることが、その後の正一の人生に欠かせない営みとなっていった。

普通児と障がい児のユニークな混合塾

石津教会で苦悩を脱した正一は、昭和五十年、母に自宅を開放してもらい、塾を始める。自閉症児など発達障害のある子どもと普通児が混ざり合ってともに学ぶ、というユニークな塾だった。その名も「創学塾」。

この時期、友人の紹介で知り合った女子学生が塾を手伝ってくれることになった。それが後に妻となる教子である。

大学のサークル活動の一環で、出身中学校主催のキャンプにキャンプカウンセラーとして参加したら、

「やっぱり遠藤、違うなあ、専門家やなあ」

中学の先生がほめてくれるんです。それを伝え聞いた特殊学級、いまで言う支援学級の先生が頼んでこられました。

「こういう子がいるんやけど、遠藤君、面倒みてくれへんか」

そうなると、たかあきと、その子とふたりで週に四日つぶれてしまう。それで生徒を家に呼ぼうと思ったんです。家に来てもらったら一人で何人も見られるから。それが塾を始めたきっかけです。

塾を開くと決めて生徒募集もしたので、そこにはふつうの小学生も入ってきました。その子らには社会科と英語、国語を教えました。そこに支援学級の子も混ざってるという感じで。

僕は英語を教えられないから、中学時代の同級生に来てもらいました。それに僕は大学の授業もあったし、ほかのアルバイトもあったから、忙しいときにはいまの妻が来て、子どもを見てくれました。もちろん母親にも世話になりました。

塾のことを聞きつけた人が僕の家にいろんな子どもを連れてきましたね。それで二人三人四人と増えていって、しまいには僕の出身中学の先生からまた言われてね。

「遠藤、こういう子がおるからお前、面倒みてくれ」

その子は自分の顔を爪でひっかく癖があった。顔をかきむしったところに膿が出て、それがかさぶたになるとまたひっかいて、顔がいつも真っ赤っかで膿だらけでした。そういう子が僕の家に来る。一番多いときには十五人もの子どもが来ていました。

顔をかきむしる中学生、自分の名前が書けない小学生、足し算もできない小学生、電車の真似を延々とやり続ける小学生。そんな子どもたちに何をしてやればいいのか。大学生の正一は悩みながら塾を続けた。

普通の子にはマンツーマンで勉強を教えてましたけど、障がいのある子には正直、どうしてやったらええかわかりませんでした。

「腹筋をやっとけ」

「腕立て伏せをやっとけ」

そんなことを言うたりして相手をしてました。

それでも障がい児やけど、新聞配達のアルバイトが、母親の見守りのなかでできるようになった子もいてるし、中学をちゃんと卒業して普通の会社に就職できるまでになった子もいます。塾は大学を卒業するまで続けました。

「廃品回収 遠藤商会」誕生

大学時代、正一は休みなく働いた。いちばんよく働いたのは五月五日の子どもの日だった。朝五時に和菓子店に入って柏餅をつくり、それから大学で授業を受け、午後からはスイミングクラブのコーチ、そして夕方からは家庭教師、さらに夜の九時から十時まではゴルフ場の打ちっぱなしの玉拾いと、一日四つのアルバイトをかけ持ちした。それぞれは短時間だが、時給の高いバイトをつまみ食いするかたちで、ふらふらになるまで働いた。そんな生活を続けていたあるとき、ふと思ったのだ。

当時、スイミングクラブのコーチが時給千円ぐらい。そのうちわかってきた。

「人に使われているようではあかん。なんぼ頑張っても時給千円がせいぜいや」

大学三回生で自動車の免許を取って、どうやったら運転が上手になるかと考えて、車に乗れるバイトがないかと探していたら、廃品回収の仕事があったんです。

「車貸します」

その車のリース料が一日五千円。それで古新聞とか段ボールを回収してきたら買い取ってくれる。これなら運転の練習もできるし、お金も稼げる、一石二鳥やと。それでトラックに初心者マークをつけて廃品回収を始めました。

ええバイトでした。古新聞が一トンで一万円くらいで買い取ってもらえた。トラックには一トン半ぐらい積めたから、一日二回満杯にして売りに行ったら三万円ももらえる。稼いだら稼いだだけもらえるんです。

やってるうちに、ただぐるぐる回ってるだけでは、ガソリンをまいてるようなもんやと気づきます。ふと見ると、酒屋さんの前に段ボールがいっぱい置いてあった。

「この段ボール、もろてもよろしいか」

「お金を払って持っていってもらうもんやさかい、ただでええわ」

それ聞いてからは酒屋さんばっかり回ろうと思いました。

そやけど、だれでも考えることはいっしょやし、ほっといたら同業者に先に持っていかれてしまう。それで名刺をつくったんです。

「廃品回収　遠藤商会」

これ、生まれて初めての名刺です。これを回収のたびに配っておくと、段ボールがたまると向こうから電話をかけてきてくれました。電話を取るのは母親に頼んでましたね。

でも、これだけではまだあかんと。実は回収してきたなかに平凡パンチとか週刊プレイボーイとか雑誌がたくさんあった。せっかく回収してきても、雑誌は紙も種類がいろいろで質も悪いから、捨ててるようなもんやったんです。それやったらもったいないし、雑誌だけ売れんもんかなあと思ったんです。

それで目をつけたんが、南港のフェリー乗り場です。

「乗船待ちをしてるトラックドライバーに売れるんちゃうか！」

そう思って、古雑誌を三冊セットにして売りに行きました。長い時間船に乗ってたら、どうせ雑誌を買うやろと考えてね。


廃品回収は、だいたい夕方五時で終わりです。雑誌の袋詰めは母親と教子に頼みました。スーパーのジャスコ（いまのイオン）で半透明の買い物袋をもらってきてね。これやと中身が見えるか見えないかくらいのちょうどええ透け具合になるんです。その袋に三冊、上下にきれいな雑誌を入れて真ん中に汚い雑誌を挟むかっこうで、一日に三十〜四十袋ぐらいできました。それを二百円で売るんです。当時雑誌は一冊二百五十円ぐらいやったです。

「一冊の値段で三冊買えますよ〜」

大声で乗船待ちの車の間を回った。ところが、意外にトラックの運転手は買うてくれませんでした。その代わり、マイカーのお客さんがいっぱい買ってくれたので毎回売り切れになりましたねえ。

三十セット売ると、ほんまやったら捨ててしまう雑誌が六千円になる。おかげで廃品回収の売り上げがどっと増えました。

ひな人形のトップセールスマン

アルバイトそのものは小学生のころから経験もあり、高校時代には土方仕事もやってきた正一だけに、どうすれば人に気に入られるのか、処世術のようなものを自然と会得していた。すなわち、

「いつも笑顔で、元気よく挨拶、そして真面目に働くこと」

さらに、

「上の人の見ている前ではもっと元気よく」という〝ごますり術〟もそこに加わる。おかげで、ビヤガーデンでもどこでも、アルバイト先からは必ずといっていいほど、「大学を卒業したら、うちに来なさい」と声をかけてもらえた。

そして、さらに商売の醍醐味を知ったのは、人形や玩具などの問屋が多いことで知られる大阪・松屋町でアルバイトをしたときのことだった。

松屋町の人形屋さんでね。最初は倉庫係のアルバイトやったんです。店の二階にある倉庫から配達する商品を下ろすだけの仕事でした。

ある日、昼休みの時間に、お店でぼーっとしてたらお客さんが来たので僕が対応したんです。それを見てたんでしょうね、社長から言われました。

「遠藤君、きみはもう倉庫に上がらなくていいから、ここにおりなさい」

僕も暗い倉庫で重い荷物を運ぶより、お客さん相手のほうが楽だし、面白い。僕がしゃべるとお客さんが喜んでくれるんです。おかげでよく売れました。

暇なときは社長の横について、どんなふうに営業トークをするのか勉強しました。それだけやなくて髙島屋の売り場に行って、デパートやったら同じ商品をいくらで売ってるか、店員はなにをしゃべっているか勉強しました。

そうすると、僕が働いてた店ではデパートの半額で売ってることとか、素材は何でできてるか、とかいう商品知識が入ってくる。おかげで店では学生アルバイトの僕がトップセールスマンになりました。松屋町で何十年働いてる人よりも、僕のほうが接客がうまかったんです。

そのうちに社長に商品企画を提案するようになりました。

「もうちょっと単価の安いセットを置きましょう」

なんでかいうと、その当時、雛人形の七段飾りで最安のセットが二万三千円でした。

「ちょっとこれ高いなぁ」

というお客さんがたくさんいたんですね。そやから提案したんです。

「一万円台のセットを置いたら売れるんじゃないですか」

それで朝早くお店に行って仕事が始まる前に、社長と二人で一万九千八百円のセットを組みました。

するとね、さすがに貧相なんです。それまで最廉価やった二万円台のセットがすごく上等に見えるほど。


実際、一万円台の人形セットを店頭に並べて、これは売れるぞと意気込んだのに大外れでした。逆に、いままで売れなかった二万円台のセットが飛ぶように売れて一番のヒット商品になってしもた。わからんもんやねえ。

「遠藤君、きみのおかげや。こんな売れると思ってなかった」

そう言うて社長にほめられたけど、不思議でねえ。僕は一万円台のセットが売れると思ったけれど、まったく売れなかったんやから。

でも、考えてみたら、それが人間の心理というものなんですわ。自分の孫とか子どもに贈るのに最低のものは買われへん。そやから最低やなくて下から二番目、三番目でお手頃感のあるものを、となる。

なるほど商売ってこういうもんなんやと、そのときに体感しました。安いから売れると思ったけど、そうではないんやと。その気づきはいまでも役に立ってます。

一万九千八百円のセットを置くようになってから二万円台のセットが売れたのにびっくりしたけど、それよりもっとびっくりしたのは、四万～五万円台の商品が売れるようになっていったことです。なんでかいうと、安さに釣られてお客さんがいっぱい入ってくるようになったから。そんな安いひな人形を売っている店は他になかったんです。

一万九千八百円の七段飾りに惹かれてお客さんがどんどん店に入ってくる。それで現物を見比べてみたら、

「やっぱり一万円台のはぼろいなあ」

となる。

「それやったら、ちょっと高いけど、こっちのにしとこう」

ということですね。

いや、客心理って不思議です。
そのときに思ったんです、商売って面白いなあと。

第4章　青春真っ盛り

就職戦線に砕け散り、自分探しの日々
ふつうの就職は自分には無理、と思い定めて

自分探しの旅でヨーロッパへ

生来の目立ちたがりで、「ふつう」が嫌いな正一である。ふつうの会社に就職してしまったら自分もふつうになってしまうという思い込みと焦りから、早くも大学三回生のときから就職活動を始めた。いまでこそ就活は三回生からが常識だが、当時は四回生から始めるのが一般的で、これには大学の就職課の職員も驚いたという。

この就職試験、私には無用である

就職の一次試験はペーパーテストなので突破する自信がありませんでした。そやから絶対に通過できる方法を考えたんです。試験会場に筆と硯を持って行ったんです。

「この試験、私に無用である」

試験用紙に大書しました。万年筆ではあかん。墨で書くからインパクトがあるんです。これをやると、度量の広い会社やとたいがい通してくれます。

「どういう人間や、呼んでこい」

となって二次の面接です。

「この試験、無用であるて、どういうことですか」

聞かれたら、こう答えました。

「私は少なくとも最高学府を卒業しようかという人間です。その私に、こういう基礎的な試験をするというのはおかしいのではないですか」

「これの何が社会人として必要なんでしょう」

「こんな試験で採否を決めるのはおかしい」

そこまで言うと、だいたいそれでバツでした。

「お帰りください」

となる。でも、あの当時は交通費をくれたんで、めげませんでした。

就職活動で正一が行ったもうひとつの作戦は、自分自身を売り込むパンフレットをつくることだった。

「履歴書ではインパクトがない」

「ふつうではあかん」

その思いからガリ版を刷って、これに写真を貼りつけた。

「パンフレットを自作するくらいの情熱と企画力のある学生なら見所がある」

と思わせるための小道具だ。タイトルも直球勝負だ。

〝きっとお役に立ちます！〟

そのパンフレットを二百部以上刷って、それが後に中馬弘毅《ちゅうまこうき》・衆議院議員の目に留まることになるのだが……。

広告・マスコミ関係に興味があったので朝日放送も受けたなあ。何社か回っていて一次試験をパスする方法を思いついたんです。まず受付に行って言うんです。

「大学から来ました」

「どういうご用件で？」

「人事のことで、少し面談したいのですが」

そうすると人事課長とか部長、総務の部長とか応対に出てきてくれます。そこでまた問答が始まります。

「ご用件は？」

「実は私の就職のことなんですけれども、私を採用されませんか」

「どういうことですか」

聞かれたらパンフレット渡すんです。

「面白いですね」

「面接に来てください」

と、だいたいは言ってもらえました。


社名は忘れましたが、とある広告代理店で、役員面接まで行ったことがあります。業界三位か四位くらいの会社だったんですね。そのときに僕は宣言したもんです。

「私は御社に入って日本一の会社にします」

「日本の広告業界の中では御社はまだまだ大したことがない」

「だからもっと私のような人間を採用しなくてはいけない」

そこまで話をすると、相手は怒り心頭です。

「きみはどういう根拠でそういうことを言うてるの！」

「いや、私がやると言っているのだからそれでいいでしょう」

僕が返すと、面接官が本気で怒り出してねえ。それで僕は言うたんです。

「失礼だけど、私は大学生で、あなた方は会社の重役でしょ。大学生の言うことにいちいち興奮してどうするんですか」

それでまた面接官の怒りに火がついた。

「きみみたいなやつは総会屋になれ、総会屋に！」

怒鳴られたことに僕も腹が立ってしもて、若かったんやねえ。

「あなたに言われる筋合いはない！　ひとの人生にがたがた言うな！」

そう言い放って席を立ったんです。

部屋を出たら大勢の社員が総立ちになってましたねえ。面接部屋の前に社員がみんな集まってたんです。いったい何が起こったんだろうと、外で聞き耳を立ててたんでしょう。

リゾート会社の面接にも行きました。とにかくマスコミ、広告、警察……と、ちょっとでも興味があったら応募してたんです。そのリゾート会社では五〜六人のグループ面接がありました。こんな調子でしたねえ。
僕「御社は国内では素晴らしいが、世界から見たらベストテンにも入っていない。私が入ったら世界一の会社にします」
面接官「何を根拠にそんなことを言うんですか」
僕「それは私が全力でやるからです。私のような人間を採用しなければダメです」
面接官「そこまで言い切るなら聞きますが、きみは当社で何をしたいのですか？」
僕「それは入ってみないとわかりません。入ってみて自分がいいなと思う仕事を全力でやります。仕事というのは自分が興味のあるものに対して全力を尽くすものであって、与えられた仕事は楽しくないです」

もちろん結果は不採用だった。十数社受けて見事に全滅。それでも「自分を採用しないのは経営者の度量が狭いせい」と、正一はいっこうにめげなかった。

ラインに乗るのがいや。ふつうの社会人になるのが嫌。そんな正一にふつうの会社は不採用という通知をもって真っ当に遇したのだ。

そこでまた正一らしい思考の飛躍があった。ふつうの会社がだめなら心機一転、自衛隊に入ろうと考えたのだ。

好奇心から自衛隊に入隊

ひと言で言えば好奇心でした。自衛隊て、どんなことやってるんだろうと。僕らの育った時代は軍隊の話をよく耳にしました。実際に戦争に行った人から「戦争ってこうやった」とか聞かされて。

僕はクリスチャンになるまでは、どちらかというと共産主義にシンパシーを感じていたので、自衛隊とか軍隊については、すごく批判的な目で、さらには興味津々で見てました。

いまでこそ自衛隊は災害救援など大切なこともやっていると理解していますが、当時の若い僕は、自衛隊なんか絶対おかしいという反発心と、どんなとこやろという好奇心と、さらには「とにかくひとと違うことがしたい」という思いから自衛隊を体験してみたかったんです。

自衛隊ではナンバーワン班長

大学を卒業した正一は陸上自衛隊に入隊した。配属されたのは滋賀県の大津駐屯地にある一〇九教育大隊（現在は中部方面混成団）だった。新卒者が中心の三月入隊組「三月隊」は全員で二百五十人ほど。入隊式では正一が総代表に選ばれ、「入隊の決意」を読み上げた。ほとんどが十八歳という「新兵」のなかで正一のような大卒者は珍しく、知識も体力も計算力も秀でていたからだ。

自衛隊では要領が身につきました。二十五班あるなかで、僕が班長のときはつねに成績トップ。それも要領でした。

たとえば朝六時に点呼があって、そのときに真っ先にグラウンドに集合して整列するのはつねに僕の班でした。どうやったらできるか？　それは単純で、朝の点呼のラッパが鳴ったらすぐ隊舎を飛び出せるよう、服を着替えてドアの前に待機させておくんです。五時五十分にみんなを起こしてね。それでスピーカーから、ぽつんと音が入った途端、ラッパの音が鳴るか鳴らないかくらいで、一斉に外へ駆け出します。ほかの班はそこから服を着替えるんやから当然、追いつけるはずがありません。

自衛隊の場合、半長靴といって、編み上げのブーツを履かないといけなくて、それに時間がかかるんです。だから早めにみんなを起こして用意させる。

そやけど、僕の班にも遅いやつがいてね。そいつには制服を着せて、靴を履かせて寝かせました。早く起きてカサカサしていたらズルをやってるのがバレるので、寝る前に服を着せておこうということです。最初はズボンと靴を履かせてただけやったんやけど、それでもまだ起きてから時間がかかったので、全部着せたままで寝かせました。

別の班が同時くらいに飛び出てきたときは、ハッタリをかまして、

「点呼始め！」

と叫ぶ。すでにグラウンドで整列を済ませてるように装うんです。

そのうち、あの班はいつもめちゃくちゃ速い、おかしいという噂が立ちました。それで巡回が来るというのを気配で察したので、着替えの遅い隊員は前もって制服の上着だけは

脱がせときました。ほんま、軍隊ってなにをやっても要領や、とわかりました。

自衛隊の「新兵教育」は三ヵ月で最初の一区切りを終える。好奇心が満たされた正一は、

「いつまでもこんなん、やってられへん」

と退職することに。もともと長居をするつもりはなかったのだ。

でも何かきっかけがないと辞めにくかったんです。それで母親に電話をかけて、電報を打ってもらいました。

「ハハキトク　ショウバイツゲ」

とね。夕方の点呼のときに、

「隊長すみません。母が危篤なんです。その母が商売をやっていまして、私しか継ぐ者がいないので帰らせてもらいます。大変お世話になりました！」

と言って次の日に自衛隊を辞めました。

でもね、せっかく嘘までついて大阪に帰ってきたのに、何もすることがなかったんです。

自分探しの旅に出た

自衛隊は経験してみたけれど、それでも自分が何に向いているのか、これから何をしたらいいのかわからなかった。三ヵ月間自衛隊に入ったことで、

「これで俺はふつうのサラリーマンはできないんだな」

と思った。どこの会社に入っても新卒入社ではないし、定期採用組にはなれない。そういうレッテルをいったん貼られてしまったのだと思い込むことで踏ん切りがついた。

自分はやっぱり、ひととは違う道を行くしかないという覚悟ができた。しかし、ひとと違う道とはなんなのか？　そこから半年、正一の自分探しが始まった。

酪農に憧れて北海道へ

なんとなく酪農に憧れていたから北海道に行ってみようと思ったんです。でも、だれも頼るあてがない。それで友だちが昔、北海道に行ったことを思い出しました。加藤さんとかいう人のところで一泊させてもらったという話を聞いたので、その人を頼って行ったん

です。

そら、加藤さん、びっくりしはったでしょうね。全然会ったこともない若者が訪ねてきて、「昔こういう学生が来たでしょ、その友だちが僕なんです」

「酪農に興味があって働かせてほしいんです」

とか言うんですから迷惑な話です。それに加藤さんは酪農家でもなかったんです。

それでも加藤さんは、その夜、開拓農協の会合に行ってくれました。

「若い子が来ているんだけど、だれか酪農で手伝いがほしい人はないか」

みんなに当たったところで、徳永さんという人が手を挙げてくれたそうです。それで僕は次の日に徳永さんのところでお世話になることができました。

北海道で酪農を手伝う

徳永哲雄さんは、僕が想像してたとおりの、大草原で酪農をやってる人で、実は現在の弟子屈《てしかが》町の町長さんです。いまも親戚みたいに親しくお付き合いさせてもらっています。この徳永さんとは、後にロングライフの仕事でつながるんやけどね。

それはそれとして、徳永さんの農場で一ヵ月間酪農の仕事を経験させてもらいました。いろんなことがあったけど、一番びっくりしたのは牛の出産でした。破水して、母牛のお腹から水が出てきてね。難産のときは子牛の足に鎖をつけて大人二人がかりで引っ張るんです。それとか「共進会」(牛の品評会)に連れて行ってもらってジンギスカンを食べさせてもらったり、楽しかったなあ。

一ヵ月がたって、たっぷり酪農生活を経験できたので、家に帰ることにしました。

「失礼します」

「お世話になりました」

挨拶ついでに徳永さんにお礼を言いました。

「いまから忙しいのに」

とあきれられました。悪いことしたなあ。

気がつけば、与論島のレジャー手配師に

北海道の次は南の島へ、夏は与論島で過ごそうと思った。これもあてがあったわけではな

かった。いまもそうだが、正一は思いついたらすぐ行動に移す。直感で動くのだ。そこからするするっと運が開けていくというのが、いつもの成功パターンである。

友だちの知り合いでタケちゃんという人が与論島の美容室で働いていると聞いていたので、その情報だけを頼りに島へ飛んだんです。それで実際に美容院のタケちゃんを訪ねて、

「与論島で働きたいんやけど」

と言ったら探してくれました。八月から「浜辺荘」という民宿が人を探しているということで、島に着いて二日後から民宿で働けることになったんです。

朝になると、お客さんはみんなバイトの僕に与論島の観光情報を聞きに来るんです。

「どこで泳げますか？」

「グラスボートはどうやったら乗れますか？」

こんなに頼られているんだから何か考えてあげないといけないなと思って、働きだして五日目ぐらいに、サービスカウンターをつくったんです。自分で勝手にね。テーブルを置いて、

「グラスボートご案内」

「シュノーケリングご案内」

「ガイドします」

いろいろ紙に書いて貼り出しました。与論島の地図とか観光マップなんかも置いて。そうするとにわかづくりのカウンターに、前にも増して人が集まるようになりました。

毎日何か面白いことを提供してあげないといけないと思って、野外のアクティビティーばっかりやっていました。夜もお客さんと遊びに行ってたから、つねに寝不足でした。業者の人もいっぱい僕のところに来るようになりましたね。グラスボートの客を回してもらわないといけないから。気がついたらぼくは島で唯一、レクリエーションの手配師になってたんですねえ。だけど、お客さんも業者も、みんなそれで喜んでくれたんです。

僕にそういうサービスができたのは、大学時代にキャンプ場のボランティアを経験していたから。グループワークばっかりやっていたのでアウトドアの遊びは得意やったし、なにより自分が遊びたかったんですね。お客さんと、向こうの島まで渡ろうかという話になってね。みんなで集まって、捨てられてたFRPのボートを、ガムテープとか発泡スチロールを使って穴をふさいだりして修理しました。

「いよいよ進水式！」

ボートを海に浮かべたとたん、沈み出したなあ。


朝早くからガイドしてほしい、という女子大生のグループが来ました。

「僕らは朝食の片付けとかしないといけないから」

「じゃあ手伝ってあげる」

という流れで、みんな面白がって茶碗を洗ったり、テーブルをふいたりしてくれるんです。旅先だから、そういうことも新鮮で楽しかったんでしょう。おかげで仕事が早く終わるから、朝九時にはみんなで浜に出て、昼ぐらいまで泳いだりできました。

僕らバイトにはお昼ご飯は出ないから、女の子の立ち寄りそうな自動販売機の前に立ってたもんです。そうすると、だいたいは飲み物やご飯をおごってくれたりするんです。そのあと三時か四時ぐらいからのバイトも、夕食の用意や掃除、布団を敷いたりする仕事も、みんなで手伝ってくれました。女の子にとっては仕事が遊びになってくるんですねえ。

そういうのが二泊三泊と続いて、これで与論島最後という日には、女の子たちはみんな別れを惜しんで泣いて帰って行ったもんです。

与論島にも一ヵ月いました。バイト代は一日五百円程度で、正直お金なんてたまるはずもなかったけど、交通費さえ出ればいいってなもんで、楽しい思い出になりました。

パリから絵はがき大作戦

自分探しの旅も終わろうかというころ、新たな人との出会いで運が開けていく。きっかけをつくったのはクリスチャンになったことと、「きっとお役に立ちます！」という自己PRのパンフレットをつくったこと、そしてヨーロッパ旅行の旅先から送った絵はがきだった。

社会人になる前に外国を見ておこうと思って、十数万円のパック旅行でヨーロッパに行きました。そのときに考えたのは、パリからいろんな人に絵はがきを送ることでした。パリの消印が入っているはがきならインパクトがあって読む人の記憶に残ります。そやけど、百枚送るとなると、せっかく楽しい旅の時間がそれでつぶれてしまう。

そこで絵はがきを先に買って、日本を発つ前に宛先と文面を先に書いておきました。それをパリで投函するんですね。ほとんどの場合、絵はがきが届く前に、僕が帰国していましたけどね。

いまなら海外からのエアメールって珍しくないけど、その当時はインパクトがあったんです。受け取ったほうは「ヨーロッパからわざわざ手紙をくれたんだ」となる。後に秘書として仕えるふたりの先生にも送りました。

衆議院議員の中馬弘毅先生は覚えていてくれました。

「きみ、いいとこ行ってきたなあ」

狙いどおりの反応でした。

聖隷福祉事業団の創設者・長谷川先生にはパリの消印より、僕の字のほうが印象に残ったみたいです。

「遠藤君、きみは字が汚すぎる。なにが書いてあるかわからないよ」

そう言われたのはもうちょっとあとのこと、長谷川先生の秘書にしてもろてからのことでしたけどね。

とにかくこの絵はがき作戦、自分ではけっこう気に入ってますね。

衆議院議員・中馬弘毅のもとで政治家秘書修業

自分探しの旅でわかったのは、自分にはふつうの就職は無理だし、自分はそれを望んでもいないということだった。

「やっぱり俺は政治家になりたい！」

という思いが湧き上がってくる。

そんな正一に、いよいよ政治家への第一ステップとしての政治家秘書という道が開けた。


あの「明色化粧品」で知られる化粧品メーカー、桃谷順天館の社長の桃谷勘三郎さんはクリスチャンでした。その桃谷さんに、キリスト教仲間が、政治家になりたいと言っていた僕を紹介してくれたんです。

桃谷順天館は、後の総理大臣になる大平正芳さんが在籍していた会社ですから、桃谷さんは政財界に顔の利く人だったんです。僕がクリスチャンというだけで後見人になってくれました。ちなみに大平さんもクリスチャンでしたね。

桃谷さんに政治家になりたいという夢を話したら、聞かれました。

「きみはどの党に行きたい？」

「大平君なら話は速いけどね、いま電話をかけてもいいし、手紙を書いてもいいよ」

びっくりしましたねえ。

実は当時、僕は自民党が嫌いで、躍進中だった新自由クラブがいいと言うたんです。それで地元大阪の中馬さんの名前を出したんです。

「それなら中馬さんを紹介してあげよう」

桃谷さんは秘書を呼んで、すぐに電話させてアポイントを取ってくれはりました。

そのあと桃谷さんに中馬さんを直接紹介してもらいました。そのときに、中馬さんが桃谷さんにえらい平身低頭してるんですね。桃谷さんて、すごい人やな、と思いましたねえ。


中馬弘毅は一九七六（昭和五十一）年、第三十四回衆議院議員総選挙に新自由クラブ公認で旧大阪府第六区（定数三）から出馬し、同区トップで初当選した。新自由クラブ解党後は自由民主党に入党し、二〇〇五（平成十七）年、内閣府特命担当大臣（規制改革）に任命され、当選九回にして初入閣を果たす。正一が中馬弘毅衆院議員に出会い、事務員として採用されたのは初当選後のことである。


そのときは秘書という肩書ではなくて事務員でした。何をやればいいのか、何もわからなかったけど、車の運転からなんでもかんでもやりました。

最初の大仕事は「和の広場」というイベントの企画・運営でした。

「四天王寺で祭りをやるから、お前が仕切れ」

中馬さんに言われたけど、どうやって人を集めたらいいのか、自分でいろんなことを考えないといけませんでした。ポスターをつくって、チケットを売り出してねえ。中馬さんが大阪ＪＣ（青年会議所）の役員をやっていたので、

「これ（ＪＣの組織力）でいける」

と言われたけど、当日までほんまに人が集まるか心配でねえ。

そやけど、祭りの当日になったら人がいっぱい来る。びっくりしました。考えたら、その日がお彼岸やったんです。毎年、お彼岸には四天王寺に何万人もの人が来るんです。そやから半分以上がお彼岸の人出やったと思うけど、おかげで祭りが盛り上がりました。それで中馬さんに認めてもらって一年間、そばに置いてもらえました。

事務所を立ち上げる仕事もありました。

その当時、中馬先生の選挙区のひとつに生野区があったんです。そこは共産党が強いので、なんとかしようということになって「中馬弘毅生野事務所」を新設しました。生野区のなかに後援会をつくったり、いろんな人に事務所に来てもらったりして、いわば中馬弘毅の出城をつくったわけです。

その後、秘書のひとり、山中健さんが芦屋市の市会議員の選挙に出ると言い出したんです。同じ事務所の仲間なので、僕も選挙を手伝うことになりました。

「中馬弘毅の秘書が市会議員に立候補して落選したら不細工ですさかい」

そう言うて中馬先生に頼んで、選挙カーも借りて、一生懸命選挙運動をしたんです。そしたら見事にトップ当選しました。他の人が七百〜八百票で当選するのに、山中さんは千七百票もとった。まだ山中さんが二十八歳くらいのときです。そのあと四期か五期、芦屋市の市会議員を務めて、平成十五年には芦屋市長です。いまもそうですけど、そのころもほんまに私心のない、まじめで仕事熱心な人やったです。

しかし、それから、正一の運命はまた転換する。一九七九（昭和五十四）年の第三十五回衆議院議員総選挙で中馬弘毅落選。居場所を失った正一は、次なる縁で静岡県浜松に赴くことになるのである。

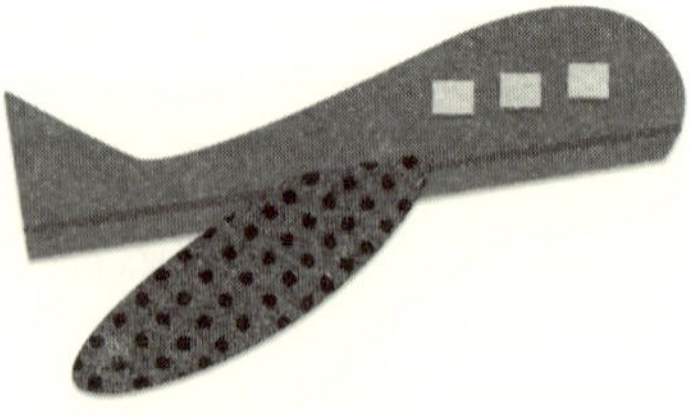

第5章　聖隷福祉事業団創設者・長谷川保に見込まれて

この人のためなら死ねる
生涯の師・長谷川保と出会えたしあわせ

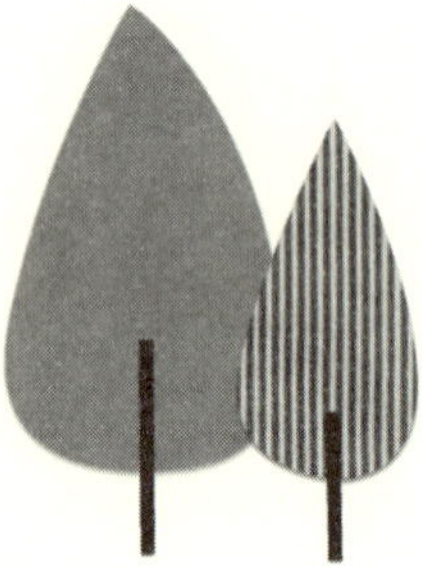

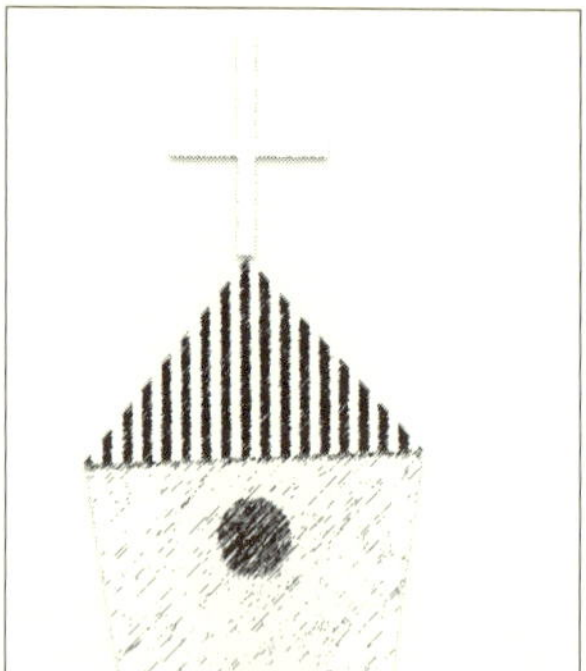

生涯の師と仰ぐ長谷川保との出会い

正一が秘書として仕えた中馬代議士は一年後の一九七九（昭和五十四）年、第三十五回衆議院議員総選挙で落選。やむなく政治家秘書を辞めたあと、キリスト教関係のつてをたどって静岡県浜松の聖隷福祉事業団に職を得ることになる。

聖隷福祉事業団とは病院・介護施設などを運営する日本最大規模の社会福祉法人である。政治家への夢は一時中断するが、一方で大学時代に混合塾で発達障害の子どもを世話していたころから興味のあった社会福祉の世界の扉が開いた。しかし、それ以前の大学時代に、正一が「おやじ」と親しみを込めて呼び、かつ一生の師と仰ぐ長谷川保との出会いがまずあった。

長谷川保とは聖隷福祉事業団の創設者で、日本の社会福祉制度の礎を築いた立志伝中の人物である。衆議院議員を七期務めており、正一が聖隷福祉事業団を紹介されたときに長谷川は理事長の要職にあった。

初めておやじに会うたんは大学三回生のときでした。世話になっていた教会の牧師・大野先生が教えてくれたんです。

「遠藤君、きみ、政治家を志しているなら、クリスチャンに政治家がいるよ」

そう言うて、わざわざ手紙を書いて紹介してくれてねえ。僕は浜松にある聖隷福祉事業団まで見学に行きました。


クリスチャンが始めた社会福祉法人と聞いて、小さい保育園がちょこっとある程度やと想像してたら、スケールが全然違うてた。浜松の駅前から「聖隷三方原病院行き」というバスまで出てるんです。

行ってみたら七万坪もの敷地に広がる施設があって、腰を抜かしそうになったねえ。

クリスチャンいうたら、なんとなくイメージ的に、弱々しい、なよなよした人ばっかりと思ってたけど、こんなすごいことをやる人がいるんやと、驚きの連続でした。


そやけど、一番びっくりしたのは衆議院議員を七期務めて、聖隷福祉事業団を創設した雲の上の存在のような人が、学生の僕が訪ねて行ったときに玄関で待ってくれてはったことです。しかも僕の脱いだ靴をそろえて、僕のためにスリッパまで用意してくれはった！

これには感動しました。

その当時もう七十何歳の、僕よりもはるかに年長のその人が、僕のような若造にすることとは思えませんでした。

「スリッパはそこにあるよ」

と、それだけ言えばいいことなのに黙ってスリッパを並べてくれるんです。そこに人柄が全部出ている気がした。長谷川保という人の生き方が、そこで全部わかったというか。これはすごい人に会ったと思いました。


そのあと「エデンの園」という老人ホームを案内してもらいました。屋上から施設内を見渡しながら言うんです。

「遠藤君、これみんな神様の創ってくださったものだよ」

ふつうならこれだけの仕事をやってきて、自分はこんなにすごいと言うのに、「これはゼロから神様が創ってくださった」と言うんです。そのとき、自分のような若造が言うのはおこがましいけれど、この人は本物だと感動しました。世の中にはええことを言うて自分を大きい見せようという人がいっぱいいるのに、この人は違う。自分のことをまったく誇らないで神様のことを誇ってる。まるで聖書に出てくる謙虚なイエス様そのものやないかと。聖書って昔の物語やと思ってたら、本当にそれを実践している人がいると知ってびっくりしました。

母親のもとを離れないことが親孝行？

大学生の正一は聖隷福祉事業団の施設や壮大なスケールにも感動したが、その創設者である長谷川保の言動にまず圧倒された。もっと長谷川保のことを知りたい、もっと社会福祉について学びたいと思った。

しかし、大阪を離れて浜松に腰を落ち着ける気にはなれなかった。大阪を離れるというのは、すなわち母のもとを離れること。母は自分を愛してくれているし、自分も母を大事にしたい。だから大阪を離れられないと、就職活動を前に、正一は思い詰めていた。

そのころ塾の子どもたちを連れて、岬町（大阪府泉南郡）にある「理智院」というお寺に合宿しました。ここはユースホステルもやっていて、座禅も体験させてもらえるんやけど。そのとき、寺の和尚さんに悩みを打ち明けました。自分には大阪に大事な母親がいるから、母親から、大阪から離れて、どこかに行くなんて、とても考えられへんと。

そしたら和尚さんが、逆に聞いてきた。

「親孝行ってなんですか」

「肩を揉んだり、一緒にご飯を食べたり、そばにいることを親孝行やとあんたは思ってるやろう」

「それは違う。親孝行というのは親に心配をかけないことや」

そう言われたけど、僕は親に心配かけてるつもりもなかったしねえ。

「どういうことですか」

と聞いたら和尚さんは答えてくれました。

「あんたが迷いながら生きていたら親は心配する。なんでこの子はこのごろイキイキしてないのかなと。やりたいことがあるのに母親のために我慢してるんやないかと心配になる。だからあんたは自分の生きたいように生きなさい」


僕はいつも母親のそばにいて、母親の面倒を見て、母親といっしょにいることが親孝行と思ってたけど、それは違うと言われた。

「あんたは、親が子どもになんかしてもらいたいと思うてると思うやろ？ 心配すんな。そんな親はおらん。あんたにはまだわからんかもしれんけど、親は子どもに何かしてもらいたいとか一回も思わんもんや。あんたの生きたいように生きなさい」

そう言われて僕は感動したし、勇気をもらいました。

それ以来、僕は何かあったら浜松でもどこでも行ったらええわと思うようになりました。もしそういう時期が来て、そういう必要があったら、そのときは母親のもとを離れてもええんやと。

中馬先生から長谷川先生へ

母のもとを離れるそのときがとうとうやってくる。一九七九（昭和五十四）年秋の総選挙で中馬代議士の落選という想定外の事態に、正一は呆然となった。転身を余儀なくされた正一は長谷川保を頼って連絡を取る。中馬代議士のもとを去らねばならない事情を話すと、

「遠藤君、それなら浜松に来たまえ」

と聖隷福祉事業団に招いてくれた。選挙から一ヵ月がたった十二月初旬のことだった。

中馬さんにもそのことを話しました。

「先生、僕がここにおっても迷惑やし、辞めさせてもらいます」

「それならきみは、これからどうするんだ」

「実はクリスチャンの尊敬できる長谷川保先生のところに行って福祉の勉強をしたいと思っています」

そう答えると、中馬さんもすごい人でした。

「わかった。それなら、わしがいっしょについて行こう」

「落選してるけれども、わしが君の保証人みたいなもんや、そやからわしからも君のことを頼もう」

僕のためにそこまで言うてくれたんです。

それでいっしょに浜松へ行って、おやじに挨拶してくれました。

そういう中馬さんの人柄に触れて、おやじも感銘を受けたんでしょうね。

「何かあったら遠藤君に手伝わせるから」

と約束してくれました。そこでまた二人の人間関係ができるわけで、僕はそれを横で見てて、すごくうれしく思いました。

浜松に行くことが決まったのが十二月初旬で、それからしばらく大阪の家にいました。

「正月はこっちにいるわ」

母親にそう言うたら怒るんです。

「長谷川先生のとこに行くと言うたんと違うんか。そんなもん、はよ行かんとあかん」

もう十二月中ごろやったし、僕も腰が上がりませんでした。

「あと二週間ほどで正月やからええやんか」

そんな考えは母親には通用しませんでした。

「あかん、行けっ！」

えらい剣幕でね。僕がそのままダラダラしてしまうと思ったんでしょうね。

だから浜松に行ったのは十二月の中旬でした。旅立つときは風呂敷包一個だけでと、勝手に自分でイメージしてたさかい、唐草模様の風呂敷を買ってきて、それに身のまわりの一切を包んで大阪を離れました。

浜松の聖隷福祉事業団には「恩賜記念館」という古い木造の建物があった。天皇陛下のご下賜金で建てられた結核病棟を記念に保存しているのである。正一はそのなかの六畳ほどの部屋で寝起きすることになった。

翌朝から六時半の祈祷会に出ることに。十二月の寒くて、眠気の残る冬の朝から、正一の七年間の聖隷時代が始まった。

「決めたで！」「何を？」「結婚」「えええーっ！」

聖隷時代の始まりは、正一の独身時代の終わりとほぼ重なる。大学時代から交際を続けてきた教子と正一は、大阪と浜松という遠距離恋愛に終止符を打つことになった。

聖隷に就職したときは二十五歳で、結婚なんかまだまだ真剣に考える年齢やなかったんです。自分の人生もこれからどうなるかわからないし、自信もないときやったから。それで浜松に行ってしばらくは、いまで言う遠距離恋愛でした。と言うてもお金がないから、教子は名古屋まで近鉄電車に乗ってきてくれて、僕も名古屋まで新幹線で行って。日曜日は教会があるから礼拝が終わってから会うてました。

そんなときに聖隷の同僚が結婚するしないで、さんざん迷ってたんです。僕は他人事やから、軽い気持ちでハッパかけたんです。

「そんなん結婚したらええがな」

それでもまだぐちゃぐちゃ言うてるから、彼の背中を押すつもりでつい言うてしまいました。

「ほな、僕も結婚するから合同で式を挙げよ」

僕もいずれは教子と結婚するつもりではいたさかい、それで肚が決まったんですね。

その場で教子に電話しました。

「決めたで」

「何を？」

「結婚」

「えええーっ！」

電話の向こうでびっくりしてました。


それで結婚式を挙げたんです。一九八〇（昭和五十五）年三月三十日。合同結婚式にはなりませんでした。結局、その友だちは結婚しなかったのでね。

教子はそれまで大阪の幼稚園で働いてたので、浜松でも仕事は続けたかった。ちょうど聖隷には「わかば保育園」という施設があったから、そこへ転職するにはギリギリというか、最高のタイミングでした。

遠藤正一・教子は長谷川保・八重子夫妻の媒酌により、聖隷福祉事業団の敷地内にある遠州教会三方原礼拝堂で結婚式を挙げた。

翌年、教子は切迫流産の危機を乗り越え、長女美香を出産。聖書のなかのミカ書からとられたその名前は、長谷川保が名づけ親となって授けたものだった。

長谷川保は聖隷福祉事業団のなかで配属先の定まらなかった正一を自身の秘書に据えた。正一は日々の仕事を通して長谷川保に身近に接するなかで、事業家としてもクリスチャンとしても傑出した人物の大きさにふれ、師とも父とも仰ぎ、心服し、敬愛するようになっていく。正一にとって長谷川保は、いつしか「おやじ」になった。

仕事がないほどつらいことはない

「つねに全力疾走で生きてきた」

「どんなことでも、やりだしたら面白くなる」

そういうパワフルでポジティブ志向の正一が、半生を振り返って「自分が一番停滞してたのはおやじの秘書になったころ」だと述懐する。それは聖隷福祉事業団に入職してまもなくのことだった。

僕はせっかく理事長の秘書にしてもらったものの仕事がない状態でした。肝心のおやじが病気療養中やったので、やることといったら聖隷三方原病院にある理事長専用のメールボックスに郵便物を取りに行くことくらい。それまで忙しい忙しいと言いながら代議士の秘書で走り回っていたのが嘘のようで。

なんにもすることがないというのはつらいねえ。

そもそもおやじは自分でなんでもする人やったから秘書なんかいらんのです。

聖隷福祉事業団の敷地のなかの恩賜記念館の隣にバラックのような元結核病棟があって、そこにおやじは住んでいました。その壁にペンキを塗るのもおやじが自分でしてました。

「僕がします」

と言ったら、

「きみは気にするな」です。

「花を植えましょうか」

と言ったら、

「それも自分がやる」と。

人間そこまでできるかと思うほど「無私」「無所有」の人で、自分のものなんか何もないんです。

部屋に入ったら山のように本とか書類が積み重なっていて、どこに何があるかわからない。それを片づけようとしたら、

「掃除はいらない」

と断られました。

おやじは聖書しか読まない人で、ギリシャ語の聖書を、辞書を引きながら読むのを日課にしてました。聖書をもっと深く読みたいから原書でないとあかんのです。日本語の聖書は書き込みされた赤い文字だらけやったなあ。理事長としての仕事のない日は、ずっとそればっかりやってました。

おやじの住まいやった元病棟の横の恩賜記念館には小さい食堂と台所があって、その横に室《へや》が五つくらい続いていました。一室を僕は勝手に事務所にしていて、その部屋の窓からは一本のクスノキが見えます。その木をただ、ぼーっと眺めてただけの日もありました。

「遠藤君、きみは字が下手だから、字の練習をしなさい」

と、おやじに言われてやったけど、そのうち眠たくなってくる。ときどき外に出て落ち葉の掃除をするぐらいで、丸一日何もすることがない。これはつらかったねえ。

大名は兵を養う

聖隷事業団のわかば保育園の保母として新妻の教子が生き生きと働く姿が正一にはまぶしかった。仕事がないほどつらいことはない。そのことを痛感した一年だった。


あまりに何もすることがないので、おやじに聞きました。

「すみません、何か仕事はありませんか」

「こんなことで給料もらっていては申し訳がないです」

そのときの親父の言葉がすごかったねえ。

「大名は兵を養う」

いきなり大名が出てきたので僕はびっくりして意味をたずねました。

「遠藤君、大名というのは、いつ起こるかわからない戦争のために兵を養っているんだ。

徳川時代の二百五十年間、大名はそうしてきたんだ。だからきみは気にするな」

やっぱり僕らとは発想のスケールが違いました。

そやけど、いくらそう言われても仕事がないのはつらかった。どうやって時間をつぶそうか、毎日毎日考えていて、あるときに病院の売店の本のコーナーに目が止まりました。

「そうだ本を読もう！」と思うたんです。大学時代は忙しくて読む時間がなかったし、そもそも読書は好きやなかった。勉強とか仕事関係は別にして、大学以来一冊も読んだことがない。この機会に本を読むのが一番いいかなと思いました。

「大名は兵を養う」という、おやじの言葉の意味を自分にあてはめて考えてみたんです。

「おやじに何かあったときに自分は役に立てる人間でないといけない。そのためには俺が力を、人間力をつけなければならない」

自分なりにそう解釈して、それで一年間は本ばかり読んでいました。ジャンルもなにも関係なく手当たり次第。本代はたくさんかかったけど、読んでいると面白かった。浜松にいた七年間に、段ボール五十〜六十箱の本を読んでました。

正一のいちばん静かな日々

早口の大阪弁で機関銃のようにまくし立て、冗談を連発して大声で笑う、豪快でパワフルな現在の正一を知る者には信じられない話だが、当時の正一は実に静かだったという。仕事がないから静か、という意味ではなく、ほとんど言葉を発しなかったのだ。

中馬さんの秘書時代、先輩に河合さんという人がいました。僕が二十三〜二十四歳のときに河合さんは四十歳ぐらいやったかなあ。中馬さんのもとを去って、これから長谷川先生のところでお世話になるということで、どんなことに気をつけたらいいか、アドバイスを求めたんです。それで忠告されました。

「遠藤君、きみは頭の回転が速すぎるから中馬先生よりも先にきみがしゃべってることがある。だからしばらくしゃべるな」

もうひとつは料理家の土井勝さんの本に教えられたんです。

土井さんの運転手さんは、土井さんが話しかけたときしかしゃべらなかったそうです。

「私にとって一番ありがたいのは、必要なときに必要なことだけ答えてくれる運転手だ」と土井さんの著書にありました。それを読んで僕は自分のペースでべらべらしゃべってはいけないということに気づいたんです。

それからは僕もおやじに、なにか聞かれるまで口を開かないようにしました。こちらから話しかけるのは挨拶するときくらいです。それ以外は妻としゃべるだけで、あとはひと言も話さない日が続きました。遠藤は口がきけないのではないかと思われるほど静かでしたね。そやから聖隷に入って最初の一～二年の間は、僕が人生でいちばん静かやった時期だと思います。

一転、モーテル反対運動の闘士に

「しゃべるな」は、正一にとって修行のようなものだったのかもしれない。しかし、いつまでも何もしないままではいられなかった。正一は、やがて教会活動に熱心に関わり始め、ひょんなことからモーテル反対運動を率いていくこととなる。

聖隷の施設の近くにモーテルが建てられることになったんです。当初はとくに反対する声も上がらなかったので、建築確認も終わり、工事が始まろうとした、まさにそのときです。

「遠藤君、あれはなにかね」

工事に気づいたおやじが聞きました。僕はモーテルとはかくかくしかじかの場所であると説明しました。

するとおやじは烈火のごとく怒り出しました。

「看護大学の女子大もあるところに、どういうことだ!」

「そんなもの、すぐにやめさせたまえ」

一喝されましたねえ。

それで工事業者や事業主との話し合いに入ったけど、あちらもすでに土地を購入して法的手続きも問題なく終わっていたので、もちろん素直に聞いてはもらえませんでした。そこで地元の有志数人と建設反対運動を始めることになったんです。

とはいっても素人の集まりで、なにをどうしたらいいかわからない。そうこうするうちに成田闘争やっていた人が加わってきて、いろんな知恵が出てきて盛り上がりました。

工事車両が通行できないようにテントを張って監視しようとか、看板を立てようとか。

一晩のうちに「モーテル反対！」という捨て看板を五百枚、ずらーっと並べて、聖隷の老人ホーム「エデンの園」の入居者の皆さんにデモ行進してもらいました。

極めつけはハンガーストライキです。

「工事が止まるまで絶対に食べない！　僕らは命をかけて反対する！」

と言うてテントに座り込みました。

いまやから言いますけど、実際は交代でご飯を食べに帰ってたんです。そやけど、そういう目立つことをやってると、新聞社とかテレビ局がいっぱい取材に来ました。ヘリコプターも上空を飛んでにぎやかなことになってきます。


「とにかく遠藤君、県知事に止めさせろ」

おやじからはそう言われたので、県知事にまで電話します。

「なにか理由をつけて許認可を延ばします」

と言うてくれました。

そのうちに反対運動はどんどん盛り上がってくる。途中から風向きが変わりました。

「これはいけるんちゃうか、もうひと押しや」

とばかり電話作戦を始めました。事業主の会社に苦情電話をかけ続けたんです。

一方で、労働組合の連中は街宣車を走らせて反対してくれました。

そうやってギリギリのところまで追い込んでから、県会議員を通じて用地の買い取り交渉をしました。当時、僕はまだ二十五〜二十六歳の若造でなんの権限もなかったけれど、「あの土地は聖隷が買わせてもらいますから、これで収めてください」

と、聖隷福祉事業団を代表して頭を下げました。

最終的には向こうの買値で聖隷が土地を買い取るということで決着をつけて、これは理事会で了承されました。


現在、モーテルの用地は聖隷福祉事業団の駐車場になっている。

正一はその後、反対運動を自然保護の活動へと転換・発展させていった。用地の近くを流れる大谷川にちなんで名づけられた「大谷川自然を守る会」はしばらく、稚魚を放流するなどの自然保護活動を続けていた。

二十六歳で半身不随になった妻

静から動へ、正一がようやく活動を始めるなか、妻・教子が保育園の野菜畑で倒れた。長女が生まれて半年、産休が明けて職場に復帰して、これから仕事も子育てもという時期に、まさかの病魔に襲われたのだ。

ウィリス動脈輪閉塞症、別名「もやもや病」。教子は脳内出血を起こし、その後遺症で左手足が麻痺する左半身不随という過酷な現実をいきなりつきつけられた。

妻は一年間ほど病院に入院していました。長女の美香はまだ小さかったので、大阪から母親が来てくれて、浜松でずっと世話をしてくれました。けれども、それから僕の姉で長女の多賀子が倒れて阪大病院に入院したので、その付き添いのために母親は、今度また大阪にとんぼ返りせなあかんことになりました。そやけどありがたいもんで、母親のいない間は、聖隷の看護大学の実習生が家に来てくれて、娘をお風呂に入れたりしてくれました。

あるとき入院してた教子の肝臓の数字があまりにも悪いということで、医者から言われたんです。

「これは劇症肝炎です」

聞けば、死亡率は九十パーセントぐらいで、生存確率のほうが少ないと。せやけど妻は僕としゃべっててもふつうに見えたし、黄疸が出て真っ黄色になるということもなかった。

生死の境にあるとはまったく思えなかったので、なんの医療知識もない僕やけど、言いました。

「たぶん大丈夫だと思います」

案の定、妻は乗り越えてくれました。

神様から与えられた大切な命だから

退院してからは半身不随の不自由な体に自分を馴らすようにして、教子の新しい暮らしが始まった。右手右足と、口を左手代わりに使って子育てに奮闘する日々は遠藤教子が後に著した『ママのお口は左手』（三一書房）に詳しい。この状態で、しかし、教子は第二子を妊娠する。出産は新しい命にとっても母体にとっても大きなリスクだった。不安でいっぱいの妻を、「大丈夫、産もう産もう」と正一は激励する。

僕らは病院のなかに住んでるようなもんやから医療体制という意味では安心でした。小児科から脳外科から専門医はみんなそろってる総合病院です。静岡県ではつねに一、二位のランキングに入ってるような病院の敷地内に住んでいるんだから、これ以上に好条件はない。ここであかんかったらどこにいてもいっしょや、と思うてました。

僕は理事長の秘書だし、医師も看護師もみんな職場仲間です。あらゆる診療科の専門家が顔見知りで、みんなが気にしてくれていました。本当に神様は計画されてたんやなあと思いましたね。教子が発病したあの時期に聖隷にいたということはすごい巡り合わせです。もしもほかのところだったら死んでいたかもしれないし、子どもも産めなかったでしょう。

母体に障がいはあっても妊娠出産は可能だった。しかし、教子の母親は中絶を強く勧めた。半身不随の娘にふたりも子どもを育てられるわけがない、と。それ以前に、出産そのものが大きなリスクだった。出産を希望する正一を、

「あんたはうちの娘を殺す気か」

という言葉で責め立てた。しかし、

「せっかく授かった命だし、中絶なんてできません。それは殺人と同じですやん」

と正一は拒絶する。教子は夫と母親の間で板挟みになっていた。

あるとき家に帰ったら教子が泣いてました。

「どうしたん？」と聞いたら、

「私はおろす」と言うんです。

教子のお母さんが毎日のように中絶しろと迫るので追い詰められていたんですね。それで僕は言いました。

「お母さん、いい加減にしてください。近代医学の最高の体制で取り組んでくれてるから心配しなくていいんです」

でも、わかってもらえません。

最後にはお母さんを怒鳴りつけてしまいました。

「出て行け！」

そんなことまで言うてしもたんです。

お母さんの気持ちも、教子の気持ちが揺れ動くのもわからなくはない。お母さんの言い分は、第一に障がい者が子どもを産むのは無謀だということ、第二に薬の副作用で障がいのある子どもが生まれたらどうするのか、ということでした。

それなら、と僕は言いました。

「障がい者は子どもを産んだらあかんのか！」

「障がいのある子どもが生まれてなにが悪いんや！」

もちろん我が子の健康を願わない親はいません。そやけど、もしも障がいをもって生まれたとしても、その子の生を受けとめて、わけ隔てなく慈しみ育てていくのが親として当たり前やないかと。もう誕生している命を中絶するのは殺人だと思ったんです。

そやけどお母さんはわかってくれません。

「そんな障がい児が生まれたら、子どものほうがかわいそう」

その言葉に僕は反発しました。

「そんな子という言い方がありますか。どんな子であろうと、神様から与えられた大切な命ではないですか」

そこまで言うても、お母さんとはどうしても平行線でした。

ところが、神様というのは絶妙なタイミングで出会いを用意してくださるんです。聖隷福祉事業団で始めたホスピスの入居者のための講演会があって、田原米子さんという重度身体障がい者の方がお話しされました。

米子さんは高校一年のときに鉄道自殺を図って両足と左手を切断されました。残った右手も三指があるだけ。それでも良き伴侶と出会って結婚されて、お子さんふたりを育て上げられました。

米子さんが話し終えると、妻は待ちかねたように手を挙げて質問しました。

「私のお腹には赤ちゃんがいます。左半身が不自由な私に、赤ちゃんの世話ができるでしょうか」

そしたら米子さんが壇上から答えてくれたんです。

「私は、この三本の指でふたりの子どもを育てました。あなたには立派な右手と右足があります。なにも恐れることはないわ。頑張ってくださいね」

この講演会は教子のお母さんもいっしょに聞いてました。教子はもちろん励まされたけれども、お母さんもこの講演を聞いてからは中絶のことは言わなくなりました。

本当にすごいことです。絶妙のタイミングでそういう人が送られてくるんですから。

そして、産科・麻酔科・小児科・脳外科などの専門チームの支えで、男の子が生まれる。長男の拓馬である。翌年には年子で次男良太が誕生。正一は三児の父となることができた。もっとも結婚当初は、「十人ぐらい子どもが欲しい」と話していたのだが、それよりなにより、このときの「障がい者は子どもを産んだらあかんのか」という怒りが、正一の福祉観の土台を成していった。その意味でも大きな経験をしたといえる人生の大事だった。

ホスピス建設のために、おやじが放った奇策

正一が敬意を込めて「おやじ」と呼ぶ長谷川保は、驚異的な洞察力で「いまなにをすべきか」を感じとり、それを部下にミッションとして与えると、すべてを任せ、最終責任のみを自分が背負うというタイプのリーダーだった。理想を実現するため、ときには奇想天外な手を打つのもおやじ流で、そんな怪物ぶりに正一は大いに惹かれるのだった。

「日本初のホスピスをやりたい」とおやじが言い出したときには、聖隷福祉事業団にいた四百人の医師が全員反対しました。その当時、ホスピスといったら患者に死の宣告をして、医療放棄することだと思われていました。

「百パーセント治せないのだったら、大事なことは痛みをコントロールして最後までその人らしく生きられるようにすること」

そう言っても理解できない。そんな教育はだれも受けていないから。そういう価値観がわからないんです。

ホスピスというのは医療放棄をするのではなくて、本人が望むなら医療も提供しながら、最後は痛みをコントロールするのだ、という発想の転換を医師に迫ります。

それともうひとつ、ホスピスは医療の世界に大きな意識変化を求めました。医療の頂点に医師がいて、看護師がいて、というピラミッド形の階級社会ではなく、患者さんを中心に、医師、看護師、あるいはボランティア、法律家、牧師、そういう多様な職種や人が、チームになってケアしていくという画期的、革命的な概念を日本の医療界に入れることになるのです。

それだけに、その必要性をまず聖隷の病院で納得してもらうことから始めんとあかんかったんです。そのために、おやじは病院で勉強会をスタートさせました。僕も勉強会に何度か出席しましたが、秘書になって間もないころだったので、当時はおやじの横で見ていただけでしたが。

ホスピス事業が動き出す最初のとっかかりは、おやじがＮＨＫのテレビ番組に出て、作家の遠藤周作さんと対談したことでした。そのなかでホスピスについて語って、それを見ていた原義雄先生、この人は都立駒込病院の副院長で、昭和大学医学部客員教授でした。日本で初めて胃カメラをつくる開発にも関わっておられて、クリスチャンでした。その原先生が、キリスト教の医師としてホスピスの仕事がしたいとおやじを訪ねてきた。それで反対の声も収まって、病院内にホスピス準備室ができるようになりました。

とはいうものの、最初は資金がないので募金集めもやりました。まずは結核病棟を改造してホスピス病棟にして、その次は本格的なホスピス病棟の開設を目指しました。このときも理事会が全部反対したので、おやじが言い出したんです。

「遠藤君、わしは葬式をする」

「生前葬をやるんだ」

その当時、生前葬はまだ珍しかったんです。

「何月何日、長谷川保は昇天いたしました。つきましては大いにお香典をお持ちください。そのお香典はガンで痛みのある方々のための理想的なホスピスをつくる浄財として使わせていただきます」
という内容の案内状を印刷して方々に送ったら、みんな香典を持ってきてくれました。それで五千万円ほど集まりました。おやじ、ようこんなこと考えるなあと、感心したもんです。

救急ヘリコプター創設に奔走

稀代のアイデアマンであり、実行力の持ち主であった長谷川保が、国会議員在職中に実現できなかった構想がある。「空飛ぶ病院」だ。ヘリコプターによって日本の山村・僻地・離島に近代医療を持ち込んで人命救助をするという長谷川保の夢は、三児の父親になって間もない正一に託された。関係大臣・政治家・医療界代表者との折衝など、正一は日本初の救急医療ヘリコプター会社の設立に奔走した。

おやじは部下になにか指示をするときは、いつもゴールを示すだけでした。「どのようにゴールに至るか」という答えは、つねに自分で考えないといけませんでした。それが僕にはいい訓練になりました。おやじの立場で考えたら、僕みたいな経験の乏しい若造に日

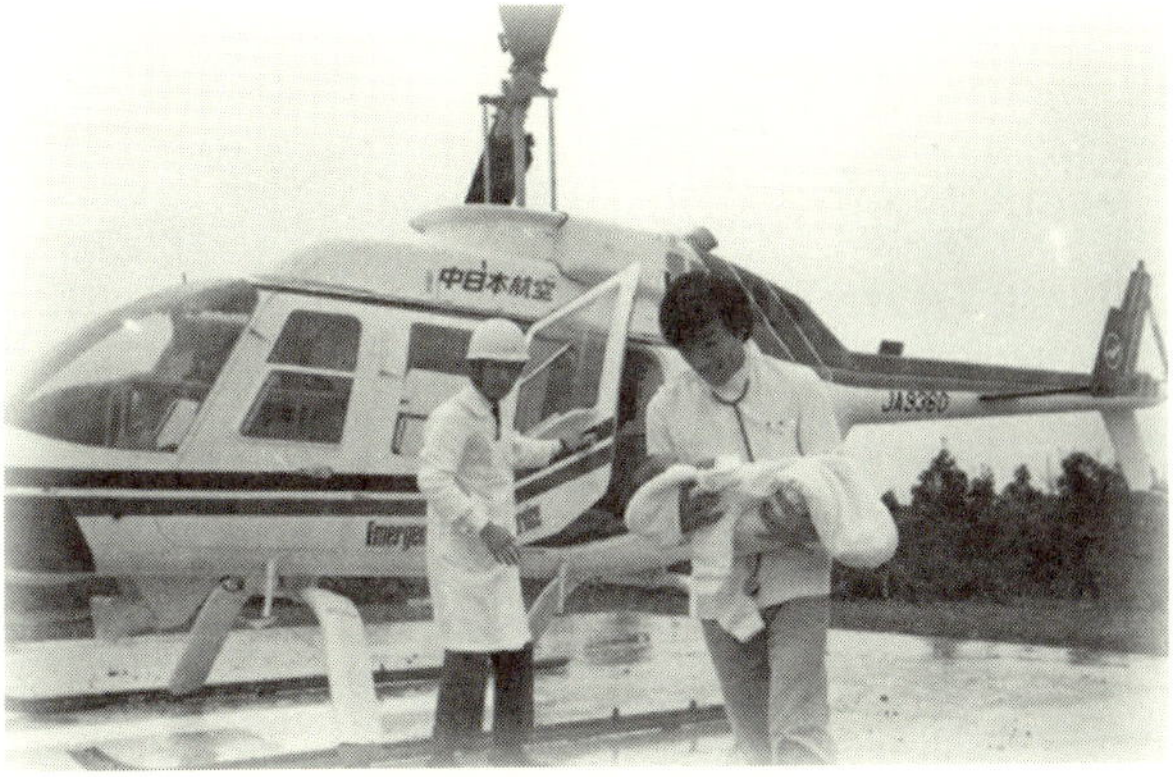

救急ヘリによる移送

本初の救急ヘリコプター事業を任せるという決断は度胸がいることやったと思います。それをよう僕に任せてくれたもんです。

いまならドクターズヘリはいっぱいあるけれど、最初のテストケースのようなもんでした。法律もまだ整備されていなかったから、政治家から企業、いろんな団体に働き掛けるのに全国を走り回りました。

朝一番の新幹線で、中日本航空というヘリコプターの運航業務を委託することになる会社のある名古屋に行って、そこから今度は東京で政治家や官僚と会議をして、また名古屋に戻って。朝一番に家を出て浜松に帰ってくるのが夜の十二時になるということが週に何回もありました。一時は目が覚めたらいまどこにいるか、すぐにはわからない状態になってました。

そうやってなんとか「日本救急医療ヘリコプター株式会社」の設立にこぎつけました。けれども採算面が難しかった。必要とする患者さんは多いんです。実際、開業してからは一日二回ぐらいヘリコプターは飛んでました。ただ患者さんから数十万円という高額な費用をもらうしかありませんでした。この費用をどうするかが問題です。いまなら自治体から補助も出るけれど、そういう仕組みがなにもない時代のことで、手探りで営業してました。

つま恋ガス爆発事故でヘリ要請が

一九八三（昭和五十八）年十一月二十二日、静岡県掛川市のレクリエーション施設「つま恋」で、プロパンガスが爆発する事故が発生した。爆発と火災で十四人が死亡、二十八人が負傷という大惨事となるが、このときヘリコプターによる患者移送が行われたことはあまり知られていない。つま恋からの要請があったとき、おやじが示した言動を正一はいまも忘れない。

聖隷での会議中に電話がかかってきました。夜の八〜九時ごろ。負傷者をもっと高度な医療施設にヘリで転送したいということで、ついては費用のことなど打ち合わせしたいと。

僕は、会議の出席者全員が聞き耳を立てているなか、最善の返答をしようと意識して、受話器に向かって言いました。

「わかりました！　明日朝一番におうかがいいたします」

浜松から車で二時間ぐらいかかるところですから、朝一番に着くように行くのが最速だと思って。すると、それを聞いていたおやじがすごく怒ったんです。

「遠藤君、なんてことを言うんだ、お前はぐずか。ぐずぐずするな、いまからすぐ行きなさい」

それで僕はあわてて言い直しました。

「いまから参ります！」

考えたら、おやじが正しいんです。ヘリコプターを使うというのはよほどの緊急時です。それは一刻も早く行って打ち合わせするのが当然でした。それでこそ、救急ヘリコプター本来の使命だったわけで、そのことをおやじに改めてたたき込まれた気がします。

おやじのすべてがお手本だった

父親を知らない正一にとって師・長谷川保は、まさに「おやじ」だった。ほかの職員のように偉大な存在すぎて近寄りがたいとは思わなかった。甘え上手な一面のある正一は長谷川保の懐に飛び込むことで、身近にその薫陶を受けた。

正一には「おやじ」のすることなすこと、日常生活の挙措《きょそ》動作まで、すべてが見習うべきお手本であり、憧れの対象だった。しまいには寝ているときの息の仕方まで真似るほどだったという。

僕が秘書になったころのおやじは、すでに仕事らしい仕事はしてなくて、外出といえばほとんどが全国の教会まわりか福祉関係の会合への出席でした。体は大きくて身長は一八〇センチメートル。病で一度倒れたとはいえ、驚くほど元気というかタフでした。

あるとき青森県で伝道集会があるということで弘前の教会に行ったんです。羽田から国産旅客機のYS－11に乗ったら、台風で大揺れになりました。嵐の海でも平気で船に乗ってられるほど乗り物酔いに強い僕ですら気持ち悪くなる揺れでした。それで結局、飛行機は弘前に行けずに途中の八戸空港に緊急着陸することになったんです。

そこから弘前までは夜行列車です。食堂車が付いてたので、

「遠藤君、なんか食べよう」

と、おやじが言うんです。あんなに揺れて戻しそうになるくらいやったのにハンバーグステーキを注文したからびっくりしました。

「サンドイッチでいいです」

という僕に、

「きみ、小食だねえ」

とおやじ。僕はもう、ほんとに戻しそうやったですからね。

有料老人ホームの草分け的存在と言われている日本老人福祉財団という財団があるんですけど、その理事会におやじは出席してました。その用事で東京へ行くとき、おやじは新幹線のなかで必ず赤飯弁当を食べました。

おやじは時間を有効活用するために昼食をとるのは移動中と決めていて、夕食は天ぷらしか食べませんでした。必ず天ぷら定食です。天ぷらはつくるのに時間がかからないし、

どこに行ってもそんなに味が変わらないと言うてね。いつもなにか一つ天ぷらを残してて、最後はそれをご飯にのせて、天つゆをかけて天丼にして食べる。毎回です。

それで、びっくりするくらい食べるのが速いんです。先生よりも秘書が遅かったら恥ずかしいから僕も速いのには自信あるけど、それでも負けるときがある。

要は、食事なんかに時間をかけるのがもったいないということなんです。歩く速さも僕といっしょで、速かったねえ。

無財産無所有の師・長谷川保の全幅の信頼と愛にどこまで応えられるか

聖書に書かれたイエス様の教えは、優れたリーダーシップ論でもあると正一は考え、熟読している。正一にとって聖書は経営書でもあるのだ。しかし、会社を創業し、上場させたいまも、自分は真のリーダーになったとは思えないでいる。日本最大の社会福祉法人を率いた長谷川保の強烈な生き方を、すごさを、間近に見て知っているからだ。

長谷川先生・おやじは、「無財産無所有」という生き方を最後までやりきった人です。

自分の財産は一切持たなかった。最後までバラックみたいな家に住んでいました。ふつうできることとちゃいます。自分で言ったことをあそこまで清廉に、愚直に、実行するなんて僕にはできません。

おやじには自分のことが一切ない。自分のことがない人間ほど恐いもんはないでしょう。お金が欲しいとか、有名になりたいとか、名誉のためとか、そういうあさましい欲がなんにもない。

聖隷福祉事業団のパンフレットには、おやじの顔写真が入っていません。載ってる写真はおやじの後ろ姿だけ。その後ろ姿に憧れて聖隷にやって来る若い子がたくさんいました。

おやじは困っている人に何をしてあげたらいいのか、いつも考えている人でした。僕にとって、おやじが言ってることは全部正しかった。おやじが間違ったことを言っていると感じたことは一度もなかった。自分のことを捨てて世のため人のため、ここまで考えていたのかと驚くばかりです。もちろん年齢も経験も違うので仕方ないことだけど、その発想もスケールも、僕には及びもつかないことばかりでした。

おやじが、僕に死ねと言ったら死んでもいいと思うくらい心酔してました。それはかっこうをつけて言うてるのではなくて、ほんまにそう思うてました。

「親父が死ねと言っているということは、僕のこのあさはかな知恵では計り知れんなにかを考えてくれているのだから、それは僕にとって最も良いことに違いない、だからぼくは死ねる」

そう信じ込めるくらい、おやじに対する信頼と尊敬が深かった。そんな考え方、おかしいと言われればたしかにおかしいけれど、昔の武士はそうやったですよね。お殿様が死ねと言ったら死ぬ。それはおかしいと全面否定することもできるけれど、そこまで深く人を信頼したり、そこまで尊敬ができるかという話でもあるんです。

おやじは細かいことは言わんと、あとは自分で考えなさいと僕に任せてくれた。

「彼のやることでなにかあったら、それは全部自分の責任です」

と言ってくれた。それはありがたかったねえ。それだけに、おやじに迷惑をかけるようなことは絶対したらあかんと思うてました。

人生でいちばん苦しかったこと

日本初の救急ヘリコプター事業は「日本救急医療ヘリコプター株式会社」の設立で、ようやく前進を始めたものの、厳しい経営状態が続いた。現在では自治体や厚労省から補助金を受けた医療機関が、ヘリコプターを運航する民間航空会社と運航契約を結ぶことで事業が成り立っているが、当時は初のケースで、そういった仕組みが何にもなかった。「空飛ぶ病院」の理想が現実になるまでにはまだ長い道のりを必要とした。

救急ヘリコプターの事業ではなかなか売上げが上がらなくて、資金はどんどん減っていきました。そんなときにテレビドラマで救急ヘリを取り上げてあげようという、奇特な人が現れました。僕は渡りに船とばかり、そのうまい話に飛びついたんです。その人の紹介でプロダクションの専務が来られて、実際に撮影もありました。テレビ番組で放映されたというても、うちのヘリコプターがワンシーン出て、エンディングに「日本救急ヘリコプター」という社名が流れただけ。ほんのちょろっとで、視聴率も大してよくない番組やったので宣伝効果はほとんどありませんでした。

僕が仰天したのは、そのあとのことです。そのテレビ放映で、なんと数千万円もの協賛金を請求されたんです。うまい話には裏があるということを疑いもしなかったのは僕の甘さであり、不注意だったかもしれません。

そのとき僕は三十歳になったばっかり。そやけど聖隷福祉事業団理事長の秘書で、救急ヘリコプターの会社の統括部長という立場でした。いくらそんな約束はしてません、聞いてませんと言うても相手には通用しませんでした。

このままではおやじをはじめ聖隷にすごい迷惑をかけてしまう。自分のやったことで自分が不利益を受けるならともかく、それでおやじやまわりの人たちに迷惑かけるのがいちばんいやでした。とはいえ、結果として、その途方もない額の協賛金について自分で始末がつけられるはずもなく、まわりの人らがなんとか都合をつけてくれました。自分は脇が甘かったからこんなことになってしもたと、それはもう、すごく反省しました。


このとき、いっぺんに僕のモチベーションが落ちてしまった。

「やっぱり俺は若いからダメだ」

「日本初の救急ヘリコプターの会社をつくるんやと、自分ひとりで仕事をやってるつもりやったけれど、結局『聖隷』の看板でしか、ひとは見てくれてなかった」

「そもそもふつうのサラリーマンが嫌でここに来たのに、結局いまの自分はサラリーマンになって、脇の甘さから人に利用されてこんなありさまになってしまった。このままここにいたら救急ヘリコプターの事業も行き詰まるし、自分も行き詰まる」

一度悪いほうへと考え出すと止まりませんでした。

「趣味は長谷川保」
「生きがいは長谷川保」
「目標は長谷川保」

と公言してはばからない正一だった。

おやじが大好きで、この人のためだったら死んでもいいとすら思えた長谷川保から、離れなければならないことが正一にはいちばんつらかった。

いま半生を振り返っても、このときのつらさに勝るものはないと正一は思うのだ。

第6章　起業前夜

世の中を変えたい！
情熱はあったけれど……
政治家でなくても世の中は変えられる⁉

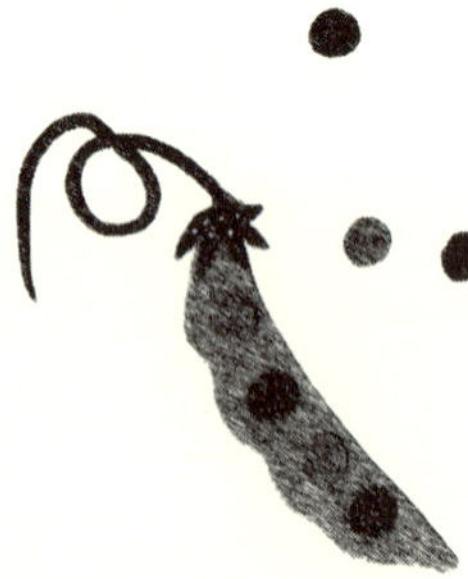

二十代後半から正一は、救急ヘリコプター会社設立のため、総理官邸に出入りし、政治家や高級官僚との折衝をくり返すことで日本の福祉を法制面からダイナミックに整えていくという経験をした。その躍動感、高揚感が正一に次の行動を促す。

「政治で世の中を変えたい！」

という思いが再び頭をもたげ、それが日々強まっていったのだ。

選挙に出馬するために帰阪

聖隷にいたときは、なんでもおやじの真似をしないといけないと思っていたから、早く政治家になりたい、なるべきやと思っていました。聖隷のなかでは僕が政治への窓口を務めていたこともあって、いろいろ人脈もできていました。

おやじに相談して、聖隷福祉事業団をバックに、浜松で選挙に打って出ることも考えました。実際、社会党や組合の人から僕を地方議員に推してくれる声もあがっていました。そのときに、おやじは市議や県議になるよりは国政を目指せと僕に言うてくれたんです。

そやけど、考え直しました。僕が立ったら応援してくれる人もたくさんいるけれど、自分がこのまま聖隷にとどまっていたら、いつかおやじのまわりにいる人たちと正面衝突するのではないかという、予感というか畏れのようなもんがあったんです。

現になにか前触れみたいなことがあったとか、だれかに非難されたとかいうことはまったくないんです。ただ、おやじがとても僕を可愛がってくれてたから、そのことが周囲に逆に作用することもあるんやないかと。そのことで、おやじを悩ませたり、嫌な思いをさせるようになっては申し訳ないと思いました。

となると政治活動は、浜松でやるのではなく、大阪に帰って自分の力でやるしかない。大阪に帰ろうと決めました。

そのときはもう中馬先生が衆院選で再選されていたから心強かったし、大阪にはかつての仲間もみんないます。おやじのもとを去るのは残念で寂しかったけれど、自分で自分を追い込むようにして浜松を去る決心をしました。

もちろん妻の教子は不安やったでしょうね。聖隷にいたら、病院の敷地内に住んでるし、半身不随で不自由な自分をまわりの人がみんな助けてくれます。長谷川先生も可愛がってくれてるし、給料ももらえるし、家には若い学生が出入りして家事も子育ても手伝ってくれる。

「なにが不満？　なんで辞めるの？」

「大阪に帰ってなにがあるねん、あるのはボロボロの雨漏りする家だけやろ」

と母親も言いました。

でも、僕の決心が固いと知ると、妻も母親も反対しても意味がないと思ったんでしょう。決めたなら仕方がないということで、それ以上反対しませんでした。この人なら、この子なら、なんとかいけるだろうと信頼をしてくれていたと思います。

選挙のために開いた塾で大失敗

浜松から大阪に帰ってきた正一が最初にやったこと。それは塾を開くことだった。たしかに学生時代にも塾を開いていたが、こんどの目的は選挙のための組織固め、地盤固めである。一時は衆議院議員・中馬弘毅氏の秘書を務めていたとはいえ、当選するために必要な「三バン」（地盤＝組織、看板＝知名度、カバン＝資金）のいずれもなかった正一は、自前でそれらを生み出さなければならなかった。政治家になると勇んで帰阪したものの、相当に絶望的な状況だったといえる。

地元の高石市の現職の市長が亡き父親の友だちやということで紹介してはもらったけど、その方はもう高齢で、後ろ盾になってもらえる状態じゃなかった。それでどうしたものかと思っていたら、ある人に忠告されたんです。

「遠藤さん、選挙をやるなら塾をやったらどうですか」

選挙を戦うための組織をつくるなら塾を運営するのが早道という、そのアドバイスに素直に従いました。

それで絵画などを教える子ども向けの教室を始めました。「コミュニティーカレッジ」という名前で。教室兼事務所は地元選挙区にばらまくようにして、五つの地区に、いっぺんに五か所オープンしました。

わずかな退職金と車を売ったお金を元手に、名刺をつくって、コピー機も置いて、それで半分成功したような気になっていたら、まったく生徒が集まりません。それでも家賃とコピー機のリース料はかかるので、こらあかんわ、と契約を解除して、たったの一ヵ月で事務所を閉めました。そら広告のお金はないし、そんな集まるわけないですね。大失敗でした。

そやけど、ひとつだけええことがありました。僕が大阪へ帰ってきたということを聞きつけて、大学時代の友人の北村（現副社長）が訪ねてきてくれたんです。

「土日やったら手伝えるし、ワープロでも打とうか」

そう言うてしばらく付き合ってくれました。一九八六（昭和六十一）年六月のことです。

このときから以降、彼は事業をいっしょに進めていく同志として、そして僕の良き相談相手として欠かせない仲間になってくれたのでした。

家族とともに（1986 年）

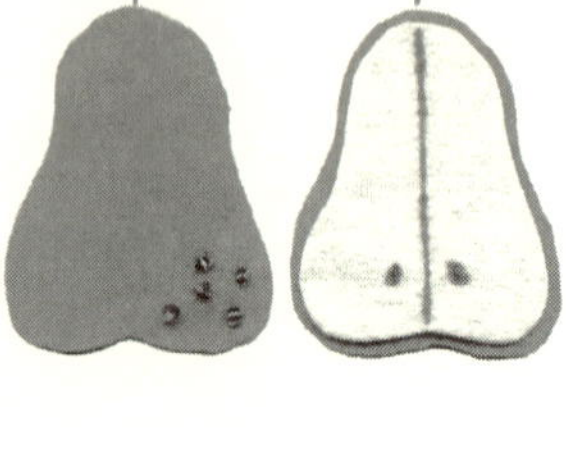

第７章　起業物語

訪問入浴？　そんなもの、
だれが必要としてるんですか？
福祉の現実への激しい怒りが
私を突き動かした

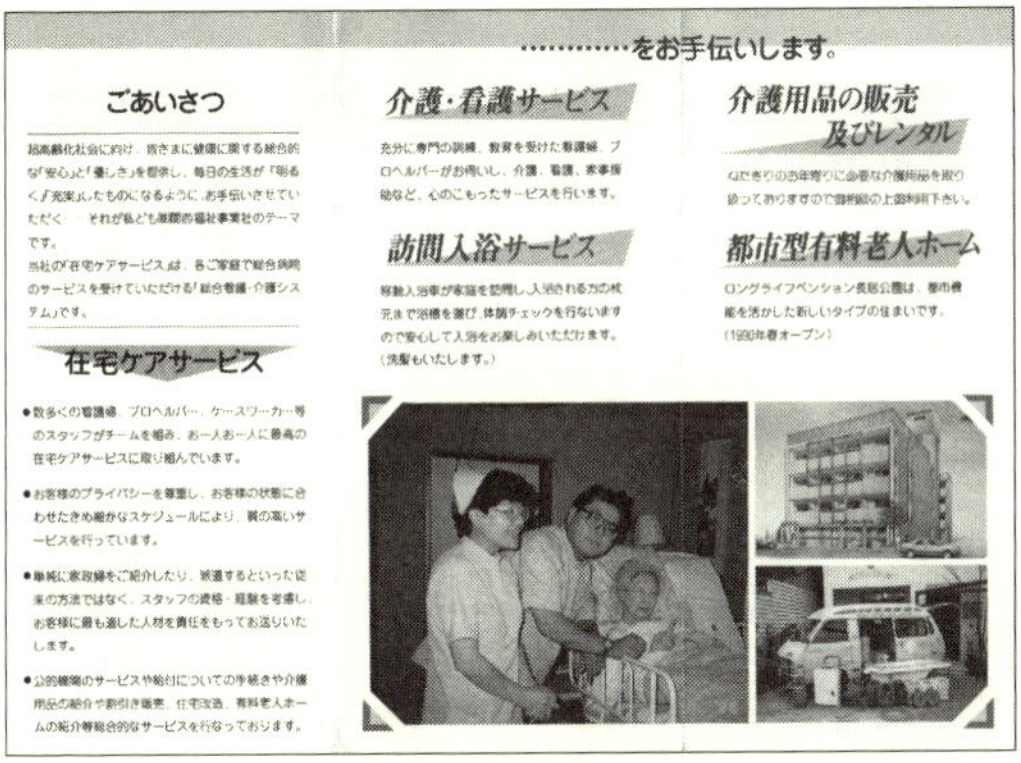

関西福祉事業社のパンフ

政治家になる！

そう意気込んで大阪に帰ってきたものの、選挙をにらんで始めた塾事業は大失敗。なけなしの貯金も露と消え、正一は途方に暮れていた。

そんなとき、偶然に知り合ったある人のひと言がきっかけとなって、現在のロングライフへとつながる新たなチャレンジが始まった。

訪問入浴をやってみたら？

「こんなことやってても埒《らち》が明かんなあ」

「このままでは食べられへんし、えらいこっちゃなあ」

外には出せない胸の内を家族で話してた、ちょうどそんなとき、富士造園、いまのフジアウテックの斎藤社長がファックスを送ってきてくれたんです。さっそく社長に連絡をとりました。

「東京で訪問入浴をやっている会社が日経新聞に紹介されてたから、遠藤さん、それを見学に行ったらどうや？」

「関西で訪問入浴やってる会社は聞いたことがないからやってみたら？」

斎藤社長が親切に勧めてくれはったんです。


斎藤社長とは、浜松の聖隷時代に知り合いました。奈良の東大寺本堂の改修をやった社寺建設の会社主催で、大工さんや造園屋さんが集まる親睦会があって、その会の常連やった医療関係の社長さんに誘われたんです。焼肉を食べていて目の前に座っていた人が斎藤社長でした。


僕が救急ヘリコプターのヘリポートづくりのことに関連して、そのまわりに芝生を植える話をしていたら、実に芝生のことに詳しいんですね。

「なんでおたく、そんなによう知ったはるんですか」

「いや私は大阪の造園屋ですねん」

それでいっぺんに親しくなりました。

「また大阪に来たら遊びに来てよ」

と言われて、その後も斎藤社長とは何度かお会いしていました。それでファックスをもらったもんやから、斎藤社長に電話したんです。

「斎藤社長、せっかく教えてくれはったけど、福祉の仕事をやるんやったら、そのまま浜松におりますわ」

最初はそんなふうに言うたぐらいで、僕は全然乗り気やなかったんです。

「俺はあの聖隷福祉事業団で日本初の救急ヘリコプター会社設立という大仕事をやってきた人間やのに、なんでいまさら訪問入浴やなんて、みじめなことせなあかんねん」

それはもう思い上がりもええとこで、プライドが邪魔してました。それに、そのときはこう、思い込んでました。

「大阪では選挙やらなあかん、そのために帰ってきたんや」

政治家になるつもりやから、せっかくの斎藤社長の言葉が素直に耳に入って来んかったんです。

そしたら斎藤社長にえらい叱られました。

「そんなん言うとったらあかん！」

「遠藤さん、そんなこと言うけど、いきなり政治家になるなんて無理やで。それよりはちょっとでも経験したことのある世界に行ったほうがええよ」

そう言われて初めて、

「なるほど、そうかもな」と思い始めたんです。

それで塾を手伝ってくれた友だちの北村と、高校の同級生の上村と三人で東京に行きました。


訪問入浴をやっていた会社で見学させてもらったときは、

「これもおもろそうかなあ」

という程度の感想でした。それで大阪に帰ってきて、まだ政治に未練があるようなことを斎藤社長に言うたんですね。そしたら、またえらい怒られました。

「遠藤さん、自分が食べられへんのに選挙もへったくれもないやろ、家族も養えへん人間になにが選挙や」

そこまで言われてようやく、福祉の会社、やってみよ（！）と決心がついたんです。

「ほな、わかりました」

と斎藤社長に返事しました。

社名はどうしよか、となって、「日本○○社」とか考えて、斎藤社長に相談しました。

「そんなことでは失敗するで」

また斎藤社長に言われました。最初から「日本」とか大層な名前をつけたらあかんと。初めは小さくやらなあかん。とにかく地道にやりなさいと。

それでいったん、「大阪福祉事業社」になりかけたんです。せやけど、なんぼなんかて大阪だけでは範囲が狭すぎる。「関西」に広げてもよろしいかと聞いたら、まあいいでしょうということになりました。

「あんまり大層なことを考えたら足元があかんようになるで」

と釘を刺されましたけどね。

とにかくあのころは斎藤社長にはなんでもおうかがいを立ててましたねえ。いまから思うと、僕に耳の痛いことばっかり、よう言ってくれはったと思います。

いよいよ起業。関西福祉事業社、設立！

なんの実績もない青写真の段階から「日本」を名乗りたかった正一。斎藤社長に大風呂敷をたしなめられ、「関西」に「格下げ」したものの、それは「大阪」を名乗るにも値しない、よちよち歩きで、ないないづくしの起業だった。まずは資金がなかった。

「資本金三百万円は僕が集めますわ」

えらそうに言うたもののお金がない。それでまた斎藤社長です。

「出資してください」

とお願いしたら、斎藤社長はえらかったねえ。

「わかった。そやけど私が出資したら遠藤さんの会社じゃなくなるから、お金を貸してあげよ。その代わりにあんたの家を担保にもらおか」

そのときは三百万ぐらい借りるのになんで担保を入れなあかんのかと思うたけど、担保が入ってる限りは一生懸命やるやろと、斎藤社長は考えたんでしょう。そうでもせんと僕に気合が入らないと。

うちの家、土地建物はもちろん母親のもんです。僕が中学三年生のときに前の家を売って、そのお金で買うたんです。敷地は五十坪でしたけど、駅から歩いて三分くらいの便利な場所やし、「浜寺諏訪ノ森」いうたらいちおうブランド力がありました。さすが不動産業をやってただけあって、母親はいいところを買っておいたんです。

その母親に担保のことを頼むと、わかった、と返事したきりなにも言いませんでした。それで母親から権利書を預かってきて、そこに担保が打たれました。

そのうちに北村も出すと言うてくれました。彼が百万円、それに友人三人から五十万円ずつ出してもらって、結局副社長の北村が二百五十万円、僕が三百万円で資本金五百五十万円の株式会社「関西福祉事業社」をつくったんです。

最初の資金ゼロでも会社がつくれるんですねえ。そのあとでいろんな創業者にお会いしたけど、お金があったら成功すると言うた人はまずおられません。会社がしんどいときに、親が金持ちで、なんぼでもお金を出してくれるという状態やったら、どうやって困難を乗り切ったらええかなんて考えないでしょう。なにも考えずにまたお金を借りてしまう。

お金があるということは、逆に失敗する理由にもなるんです。なんでもお金で解決できると思うてしまうから。でもそれは一時期のことです。お金がないから成功するんやて、僕はいまでも思うてます。

＊コラム　社屋の話

一九八六―一九九五
創業の地は大阪府堺市の自宅兼会社

職住一体。新しい会社と正一の住まいは同一住所だった。一階が事務所、二階が住居の家を新築し、ときには母親も事務所に降りてきて社員たちと話をするアットホームな雰囲気になった。

浜松から大阪に帰ってきたときに母の家はぼろぼろやったので、それを潰して、下が事務所、上が住居という設計で新築しました。

このときは大変やったねえ、会社はつくらなあかんわ、家は建てなあかんわで、まだ聖隷を辞めたすぐあとやから失業保険をもらっていたころです。失業保険をもらいながら住宅ローン借りて家を建てるて、笑えるでしょ。それでもなんとかなると思っていたんやからねえ。

建築費が千七百万～千八百万円の家で、毎月のローン返済が六万～七万円。会社からもらう家賃でローンを払おうと思っていたので、会社が潰れたらみんな共倒れです。そうとわかっているからもう必死でした。背水の陣というやつです。

一九九五―一九九七
信長に倣《なら》って大阪・本町に移転

浜寺諏訪ノ森で創業した関西福祉事業社は一九九五（平成七）年に本町に移転する。京阪神の交通要所である大阪キタへ進出する前のジャンプ台のような位置づけの移転といえるだろう。

僕も堺市浜寺の家に住んでいたし、副社長も浜寺に住んでいました。僕の家から自転車で十分くらいのところやったなあ。

土地というのは一度慣れてしまったら、だれも移動したがらないもんです。会社は創業の地で軌道に乗ってきて、そのままでいたらそこそこの規模で食べてはいけるけれども、それでいいのかなと思い始めたんです。

織田信長のことを思い出したんです。信長のように何度も本拠地を変えていった戦国大名は、信長以前にはあんまりいてないそうです。

信長は、戦略に最適な場所に居城を移すという合理的な考えをとった人でした。尾張を統一した信長は西の美濃を攻めるために清洲城から居城を小牧山に移します。そして斎藤氏の居城の稲葉山城を奪って美濃を岐阜と改名し、それで城も岐阜城として移り、そこからさらに西の安土に移ります。

最初に清洲城から小牧山城に移るときに、清須に基盤をもつ家臣団が反対してくると予想した信長は小牧山からもっと北にある二ノ宮山に移ると発表したのちに、手前の小牧山にすると決めたので反対がなかったそうです。

僕も同じで、本音では大阪の中心キタに移りたかったけど、最初からそれを言うたら、みんな遠すぎると反対するだろうなと思って、それで本町にしたんです。

役所から委託を受ける仕事のほとんどは大阪府南部で、北部はほとんどなかった。したがって営業エリアを拡大するには拠点を北へ移すしかないと正一は考えたのだ。会社が「ここ（堺市）にあるからこういうかたちなんで、違うところ（大阪市）に行ったら、また会社のかたちも違ってくる」と。こうして最初の移転先は大阪市の中心部である本町のビルの一室へと移転した。

一九九七―二〇〇四
念願の大阪キタに進出

現在のロングライフの本社所在地は大阪市北区の梅田センタービル二十五階。二〇〇四（平成十六）年十一月に移転したのだが、その前に念願の大阪キタへ移っている。観光客で賑わう梅田スカイビルにほど近いロケーションだった。


あるときに知り合いの事務所に行ったら、そこは梅田スカイビルの前やった。

「ここ、いいですね」

と、うらやましそうに言ったら、逆に勧めてもろたんです
「ほな、遠藤さん、ここ使うか？　もう、ここ出ていこうと思うから」

渡りに船とはこのことやね。

そこは三階建てのビルで、当時のうちの規模からしたら広かったけど、将来はこれぐらい必要やろうと移転を決めました。

移転の翌年に商号を「日本ロングライフ株式会社」に改め、大阪北部における訪問入浴サービスをスタートした。その翌年には「ロングライフ医療福祉専門学院」梅田校を開校。正一の拠点戦略は着々とかたちとなっていった。

二〇〇四——？？？？ やがて本社は海外に？

このまま大阪にいることがいいかどうか悩みどころです。発想を変えようと思ったら本社を移転したほうがいいのかもしれない。これからもっと海外展開していくには本社を韓国に持っていくとかね。それは僕の時代でやるのか、次の人がやるのか、先のことはわかりません。

たった四人からの創業

会社経営の三要素、ヒト・モノ・カネのうち、資金は集まった。しかし、もっとも重要なものはヒトである。創業時のメンバーは正一も含めて四人。いずれも同級生つながりだった。

大学の同級生の北村と、小学校の同級生の梅田と僕で三人。それで、この梅田が僕の浜松時代、家にしょっちゅう遊びに来ていて、そのときに知り合った看護師さんと結婚していたので、それで福祉事業をやるのにちょうどええわというので入ってもろて、僕を含めて四人からスタートしました。

北村はそのときはまだ会社勤めをしていて、二足のわらじでこっちを手伝うという状況でした。

訪問入浴サービスにはクルマ、すなわち移動入浴車が不可欠です。

移動入浴車は、大型のワンボックス車のなかに浴槽を装備したもので、東京で見学したのは五百万円くらいかかっていたと聞いています。当然、ぼくらはお金がないから中古車にしました。高校時代の友人の上村に頼んだら三十万円で中古車を買ってきて、これにプロパンガスを使うふつうの瞬間湯沸かし器をつけるとか、いろいろ改造してくれたのでクルマそのものは改造費込みで八十万円ほどですみました。浴槽だけは「デベロ」という介護用品専門メーカーの製品で、これが車体より高くて、七十万円ぐらいしました。

クルマができたら、訪問入浴の練習です。僕が実験台になって、寒いのに何回も何回もみんなで練習しました。浴槽だけは専用のものを買ったけど、悲しいかな、使い方がわからない。見学したときのことも思い出しながら、みんなでわーわー言いながら、考えながら練習しました。

移動入浴車には「まごころ号」という名前をつけました。お客さんに真心で接したいと思うてましたから、そのまんまのネーミングで。

ただし、「まごころ一号」ではクルマが一台しかないみたいでかっこ悪いので、一台目のクルマは「まごころ三号」にしました。しょうもないとこで見栄張ってますなあ。

訪問入浴？　そんなもの、だれが必要としているんですか？

カネを用意し、ヒト・モノがそろって、いよいよ営業態勢が整った。三十一歳の正一は訪問入浴のパンフレットをつくり、自治体の委託業者となるべく営業に回った。しかし――。

役所からの委託で仕事をもらおうと考えて関西の自治体をずっと回ったんです。けれど、どこの担当者も僕らの仕事を理解してくれません。

「だれがそんな風呂に入るんですか？」

「トラックで回るんですか？」

自治体の担当者にしたら「訪問入浴」というもんのイメージがまるでなかったんやね。「東京ではやってます」と言うてもピンとこないみたいで。

それなら現物を見てもらおうと思いました。

「実際の入浴車で来て、デモでお見せします」

「そんなもん必要ないですわ」

けんもほろろに断られてしもて。ほんまに情けない思いでした。

浜松にいたころは、救急ヘリコプター事業のことで静岡県内の自治体を全部まわっていました。静岡県内やったら、だれでも理事長の長谷川保を知っているし、聖隷福祉事業団を知っています。アポイントなしで突然訪ねて行っても、町長まで出てきてくれます。

「聖隷の理事長さんの秘書さんですか」

と出迎えてもらえてねえ。それが大阪では大違い。

「あんた何もんや」

「若造がえらそうなこと言うて」

相手からはばかにされるし、こっちは腹が立つしで、とうとうけんかになってしまうこともありました。

「俺は総理官邸まで出入りして、厚生労働省の上の役人連中と対等に議論してきた人間や」

「そんな俺の言うことは、お前らみたいな田舎役人にわからんやろ」

そこまで開き直ってしまうくらい頭にきてしもうて。まったくもって若気の至りでした。

未熟な経営者だけれど

あてにしていた自治体からの委託が受けられず、収入の見通しが立たない。このままでは会社はじり貧という状況のなか、経営者正一の苦悩は続く。

リーダーは孤独だ。しかし、自分はひとりではないと改めて気づかされ、勇気づけられたのもこの時期だった。

全然仕事がない。お客さんがいない。このままでは資本金はすぐ底をつく。こんなんやっていけるんかなと毎日不安でした。そんな状態なのに北村は前から勤めていた会社を辞めると言い出しました。大学を卒業してから集成材メーカーに勤めてたんやけど、そこを辞めて関西福祉事業社に賭けると言うんです。こんな仕事もない会社やのに。そら彼も転機やと思うたんでしょうけど。まだ独身やったし。

会社って、あるレベルまで来たら、いっしょにやりたいという人は出てくるかもしれないけれど、まったくゼロの状態からでは難しいでしょう。

「給料ゼロやけど、いっしょにやろか」

そう言うてくれる人が見つかったら、その時点で起業の七割は成功やと思うんです。どんなにしんどいときも、いっしょにやっていこうという人が仲間にいるかどうかが大事で、創業者の役割はそういう人をつくることにあります。

それは別に創業者の人間的魅力とか力関係で人を集めるのではないと思う。すべて信頼関係が大事なんです。時間を守るとか、約束を必ず守るとか、言葉をたがえないとか。嫌なことがあっても過去のせい、他人のせいにしないとか、そういうふつうの人間としての誠実なふるまいの積み重ねが信頼関係をつくっていきます。

創業者は、自分は未熟で、ひとりではなんもできないとわかっていることが大事です。経営に行き詰まるとしょっちゅう悩むもんです。悩んで八方手を尽くして、それでもあかんかったときは最後、祈るしかない。そこで自分が未熟やとまわりに伝えることがすごく大事やと思います。そうすることで仲間が集まって来てくれるんです。そこで強がったり、ええかっこうすると人は集まって来ません。人が集まって来なければチームにならない。それではいつまでたっても個人事業です。

よく、リーダーは孤独って言いますね。あれはそのとおりなんですけど、孤独でも孤立はしてはいないと自分でわかってることが大事なんです。だれかが自分を支えてくれていると信じること。それは会社って、いいときも悪いときもある。悪いときにじっとしてたのでは成長がない。じたばたする。それでももがきながら、俺は完璧じゃないし、弱いし、情けないし、根性もないし、気分の波もあるリーダーだとわかってくる。そういう未熟な人間やからこそ自分をフォローしてくれる人が必要やし、またそうしてくれる人が実際いるとわかっていることが大事なんです。

僕はこの創業期、ほんまに大変やったけど、僕みたいな社長にぼろかすに言われても、それでもたくさん給料もらっていた会社を辞めてまでついてきてくれる北村みたいな仲間に支えられて、ここまでやってこれたんです。

リーダーは孤独でいいんです。なんでか言うたら、一生懸命やってたら、それをわかってくれる人がいるとわかっているから。必ずだれかが見てくれているんです。それはほんまにありがたいことです。

第8章　苦闘と笑いの創業期（副業時代）

警備、うどん、露天商、宝くじ、たこ焼き……
本業がだめでも副業で大繁盛
福祉だけではない、どんな仕事も人に役立つ
商売、経営のコツを摑み取った副業大忙し時代

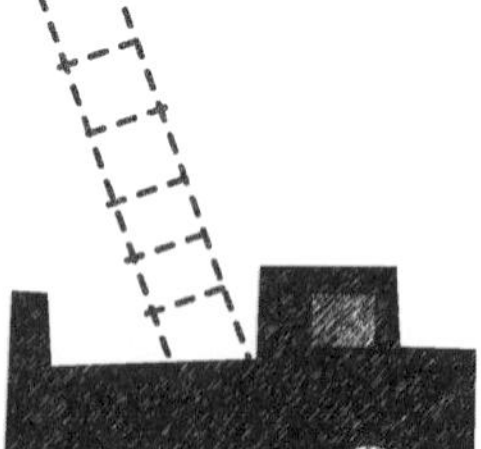

開店休業の状態が続く関西福祉事業社の訪問入浴サービス。閑古鳥が鳴く日々が続いたため、正一は近所の浜寺公園で空き缶拾いでもするかと考えるほどだった。

「市役所の斡旋がもらえないのなら自力で利用者を集めるしかない！」

そうと決まれば、すぐ動く正一である。

「訪問入浴サービスいたします」

と書いたシールをつくり、町中の電話ボックスに張ってまわった。

なんでもやります！と、便利屋稼業に

大阪の歓楽街、天王寺周辺の電話ボックスにまでシールを張ったからか、すぐに電話がかかってきました。

「兄ちゃん、どんな感じの女の子がおるんや？」

「いまから来てくれるか！」

あのころ、「訪問入浴」っていう言葉から風俗の商売を連想する人が多かったんですね。それくらい知名度のない仕事やったということです。

こらあかんわとなって、それからは訪問入浴だけやなしに、介護でもなんでもしますということにしたんです。なんでも請け負う「なんでも屋」、つまり便利屋業です。

そしたら便利屋として初仕事の依頼がありました。

「家の樋《とい》が詰まっているから台風で大雨が降る前に掃除してほしいんです」

なにかでチラシを見たお客さんから電話がかかってきたんです。

このときはどんな仕事でもありがたいと思ってましたから、すぐに樋掃除の道具を買いに行きました。五千円もしたけど、なんべんでも使えるやろと買うたら、その一回しか依頼はなかったです。お客さんからもらった代金は三千円で、まるまる赤字でした。

その次の依頼は教師をしているという女性からでした。

「ペーパードライバーだけど、マイカー通勤することになったから、運転の練習がしたいんです」ということでした。

ご主人もおられるのに、なんでお金を払うてまで練習しはるのか不思議で、聞いてみたんです。

「ご主人はどうして練習に付き合ってくれないんですか？」

そしたら、「お前の車なんか怖くて乗れるか」と言われたそうです。

実際、お客さんの隣に乗ってみて、ご主人の気持ちがようようわかりました。たった一時間の間になんべん「死ぬ〜〜〜〜っ！」と思ったことか。

ペーパードライバーの練習の仕事は二度と受けるまいと思いました。命がなんぼあっても足りません。もうこりごりでした。

「次また電話がかかってきたら断っといてや」と言うたぐらいです。

こんなことやってたらあかんと思いつつ、本業第一号のお客様を待ちわびる毎日でした。

関西福祉事業社に警備事業部を設置
その名も「サンケイ総合警備」

本業で稼げない以上、食べていくためには副業を探すしかない。正一は法学部出身、北村は農学部で、梅田は経済学部出身で……と、各自の得意分野を考えてみても名案が思いつかなかった。

「そうや！　あるのは体と時間だけや」

という結論に達するのに時間はかからなかった。

それでガードマンをやることにしたんです。理由は大学時代にバイトでやったことがあるということだけですけれど。

バイト探しでいろんな警備会社を当たったなかに「日本警備保障」という会社がありました。あのセコムの前身の会社ではないんです。日本警備保障が「セコム」と社名変更したときすぐに「日本警備保障」に社名変更した警備会社の社長がいるんです。えらいもんですねえ、目の付けどころが。で、その会社を訪ねて下請けをさせてほしいと頼んで、仕事をまわしてもらうことになりました。

ガードマンの仕事は制服と人手さえあれば成り立ちます。僕らは本業が暇で時間だけはありましたから、ガードマンで日銭を稼ぐことにしました。

そのうち下請けをやっていたんでは、いつまでたってもアルバイトと変わらんということに気がついて、二年目からは直で仕事が取れるようにしようと思いました。それには警備事業をやるための免許が必要なので、副社長の北村が「警備業教育指導責任者」という資格を取りました。そして正式に「警備事業部」を設けました。

営業にまわるのに名前は大事やろうということで、「サンケイ総合警備」と名乗りました。

「産経新聞とどういう関係ですか？」

そう聞かれたときには、

「読者です」

と答えてましたね。


僕と北村はほとんどガードマンをやっていました。

ガードマンの仕事は一日に二回できるんです。夜に四時間だけとかいう警備の仕事があるから、朝から現場に入って夜にまた入ってと、フル回転です。そのガードマンの仕事の合間に訪問入浴の営業にもまわりました。

当然、睡眠時間は短かったです。僕は八時間は眠ってないとあかん人間なんですけど、その当時は四〜五時間しか睡眠がとれていないかもしれません。そやけど、夜勤いうても仮眠はできますし、無理をせん程度には眠ってたと思います。

ガードマン姿で路上で立ってると偶然知り合いに会うことがあります。

「なにしてんねん」

と声をかけられることもあるんです。四天王寺のお彼岸の警備で行ったときは、中馬議員の秘書時代に知り合ったテキ屋のお兄ちゃんに見つかりました。ガードマンのかっこうして警備をやってる僕に、「あんた、なにしてんねん」と。

そういうことも恥ずかしがらずに面白がってやっていたから続けてこれたんでしょう。資金繰りが苦しいて始めたガードマンやったけど、決してみじめな気持ちにはなってません。副業はどれもこれも面白かったです。

日銭を稼ぐために子連れ露天商に

日々の糧を得るために始めた警備事業では安定して仕事が入ってきた。そのうち人手が足りなくなってきてガードマンのアルバイトを募集するまでになった。

本業が足踏みを続ける間に副業が軌道に乗るというのは皮肉な話である。しかも、その副業を続けるために、また別に副業が必要になってくるという本末転倒な状況に陥っていく。関西福祉事業社が「福祉」一本で成り立つまでに、副業という長い助走路が不可欠だったのだ。

そのうち、警備で十人ほど必要な大きい仕事も請けるようになってきたので、アルバイトを募集してしのぎました。

警備事業は順調なんやけど問題が出てきました。運転資金です。アルバイトのスタッフには日当を払わないといけないのに、お客さんからの支払いは月末締めの翌月払いなので現金が入ってくるのは二ヵ月ほど先になります。そうすると毎日の日当の支払いのやりくりできなくなってくるんです。それでどないしようかと困って、また富士造園の斎藤社長のところに相談に行きました。

「そら日銭を稼ぐ仕事を考えなあかんで」

「観葉植物を売るのがええんちゃうか」

それでその仕入先まで紹介してもらいました。


なにを売るか決まったら次はどこで売るかです。空き時間にあちこち下見に行って、堺市の泉ケ丘の駅前に露天商がいっぱい出ているのを見つけました。

泉ケ丘いうたら泉北ニュータウンです。一九六七（昭和四十二）年に町が開発されて、大阪南部のベッドタウンとして発展していました。泉ケ丘は堺市北区の中百舌鳥《なかもず》駅から和泉市の和泉中央駅までを結ぶ泉北高速鉄道線で最も乗降客数が多い駅ですから、駅前には靴下から漬物まで、ありとあらゆる露天商が、さながら縁日のようにずらりと並んでいたんです。こらええ場所やでと言うて、そこで観葉植物の露店を開きました。

やってみて、商売というのは「瞬間」や、と悟りました。改札からどっと人が吐き出されてくるので、その人波に向かって大声で呼びかけるんです。

「三つ、千円！」

すると、人がパーッと集まって来る。わずか二分か三分のことです。その間に、パパッと手際よくお客さんにポリ袋を渡さないといけません。お客さんはその袋に自分がほしい植物を品定めして入れるんです。

袋をタイムリーに渡すためには僕ひとりではできません。それで子どもを連れていきました。まだ幼稚園に行くか行かないかくらいの三人の子どもに袋を持たせます。

「あのお客さんが来たら買うからすぐに袋もってけ！」

そんなふうに指示してね。そうすると二〜三分の間に二十個とか三十個とか売れてしまうんです。だから、その瞬間を活かすことがすごく大事です。

そうやって毎週日曜日、朝八時から夕方まで一日中かけて十二万〜十三万円売りました。

実を言うと、売れ残ったら大変なんです。朝、卸商の人に駅まで配達してもらうんやけど、帰りは取りに来てもらえないから売れ残りがあるといけない。とにかく売り切ろうと思って気合いを入れてました。おかげでその売上げが運転資金になって、どうにか会社を続けていくことができました。

駅前での観葉植物はよう売れたんですけど、しばらくすると、その筋の人みたいな男の人が来ました。

「お前、社長に挨拶に行ったか」

いかつい顔ですごまれて、恐かったねえ。もうやめようかとも思ったけど、よく売れるし、思い切って「挨拶」に行くことにしました。

ビルの一室で「社長」は僕の出した名刺を見て、なんか感じるところがあったみたいでした。

「関西福祉事業社？　わかった。ほな、わしがいまから全部電話入れたる」

言うた尻から、方々《ほうぼう》に電話してくれました。

「これからはうちの舎弟やから頼むで」

それ、横で聞いてて、えらいことになったなあって思いました。

社長は僕に、商売のアドバイスもくれました。

「げそ袋の横で売っとけ」

「げそ袋ってなんですか？」

聞いたら、靴下の符牒やそうで、つまり靴下の店の隣で売ったらええということになりました。

それからは駅前の露店にときどき「社長」が来て、うちの子をご飯に連れて行ってくれたりしました。小さい子どもを連れて商売してるので同情してくれたんでしょうねえ。

宝くじほどノーリスクの商売はない

毎週日曜の露天商は好調だったが、露天だけあって天気頼みなのが難点だった。雨が降ったら客足は一気に落ちて仕事にならない。そこで正一はまた考えをめぐらせた。天候に左右されない商売はないものか……。

はたと思いつきました。

「宝くじを売るのだったら雨は関係ない」

「近くに競争相手ができることもない」

名案でした。宝くじはどこが総元締めなんやろかと思って探したら第一勧業銀行、現在のみずほ銀行でした。早速、淀屋橋の大阪支店に行って交渉しました。

最初はまったく相手にしてもらえません。だれでもやっていいわけじゃない、戦争で一家の大黒柱を失って母子家庭になった、そういう気の毒な女性に定職を提供する目的でこの仕事をつくったのだから、あなたのような人に急に言われても委託はできませんと。

もっともな理由で、なかなか検討してもらうところまでいくのが難しかったけど、何度も訪ねました。我々、関西福祉事業社も障がいのある子どもたちの職場をつくりたいという正当な理由もあったし、既存の宝くじ店と競合しない出店候補地も探してきて提案し、粘り強く熱意を訴えたら、最後には支店長が会ってくれて、ようやく新規の販売委託事業者としての認可をくれました。これは四十年ぶりぐらいの新規認可で、異例中の異例だと言われました。

店は僕の地元、高石市にある羽衣の駅前に出しました。日本で最も古い公園のひとつ浜寺公園の最寄り駅です。駐車場一台分の土地を借りて、五十万円くらいで小屋を建てました。そのあたりに競争相手がなかったから、よく売れました。

ジャンボ宝くじのときなんか行列ができるんです。僕も妻も子どもも小さい小屋に入って家族総出で売りました。一億円の前後賞とかがあるので、連番とバラと全部用意をして。一万円札があっという間にバケツにあふれるほどで、売上金が百万円ほど溜まると、すぐに大阪市内の淀屋橋にある第一勧銀へ宝くじを仕入れに行きます。

僕らは資金がないから自転車操業です。一日二回くらい宝くじを仕入れに行きました。百円の宝くじで利益は十パーセント。これは大きいです。ジャンボ宝くじは三・三パーセントやけど、その代わり一枚三百円です。

宝くじの商いでいいのは在庫損が出ないこと。なぜかというと売れ残っても全部第一勧銀が引き取ってくれるんです。だからノーリスクなので、思い切って店を増やしていけました。最盛期で五店舗を出してました。その代わり今度は労務管理が大変でしたけれど、またそれについては別のところでお話しします。

マーケティングを究めて、行列ができるたこ焼き屋に

関西福祉事業社は、ある時期から本業もなんとか軌道に乗るのだが、それまでは本業と副

業との二人三脚状態が続く。はたから見ていると、本業よりも、副業を次々と「起業」していくことのほうを楽しんでいるかに感じさせる正一だった。しかし、「兼業」することで経営者として多くの気づきを得ていたことも事実だった。

宝くじ売りも、やっぱり天候とか時期に売上げが左右される部分があったので、もっと安定的に日銭が入る商売はないもんかと考えてました。それで立ち食いうどんの店を思いついたんです。宝くじの店の隣に「富くじうどん」という名前の店を開きました。

いや、うどん屋なんてまったくの未経験でも、食材の卸屋さんが全部指導してくれるので、そんなに不安はありませんでした。

うどん屋も繁盛してきて、今度は別の宝くじ店の隣に、たこ焼き屋を出すことにしました。出店前の一ヵ月間はたこ焼きを研究し尽くしましたね。

実はこの時期に『なぜ売れないのか――ヒット商品はこうして作れ』というPHPのビジネス書に出会ったんです。著者は伊吹卓というひとで、売れないのは売れない理由があると書いておられました。逆に言えば、売れるには売れる理由があると。

あとから話しますが、日本初の都市型老人ホーム「ロングライフ長居公園」をつくったけれど全然売れずに悩んでいた時期でした。それで著者の伊吹先生に聞きに行きました。

「どうすれば売れない理由、売れる理由がわかりますか」

それで教えてもろたんが、「着眼法と苦情法」です。

「とにかく流行っているところを全部見てまわりなさい」

「それとお客様の苦情を聞きなさい」

ということでした。


それで新規にたこ焼きを始めるにあたって、とにかく流行っているたこ焼き屋を見てまわりました。

そうしたら繁盛している店の法則が見えてきた。まず爪楊枝が長い。爪楊枝が短かったら手が汚れます。だから長い爪楊枝がいい。

次にトッピングする鰹節は粉じゃなくて花かつおにする。

あるたこ焼き屋で聞くとたこ焼きは新聞で包むほうがいいと。

なるほど！　といろいろ参考ポイントを見つけていきました。

水と粉の割合も九対一がいいとわかってきました。

たこ焼きを焼くのは練習を一日しただけ。それで本番です。

たこ焼きの店は羽衣駅前の宝くじの店の隣に出しました。

いろんなたこ焼き店をまわって調べた情報をもとに、自分なりのアイデアも盛り込みました。たこ焼きを包むのはふつうの新聞紙では面白くないから、「たこ焼き新聞」を発行しようとか。たこ焼きは当然ながら出来たてがいちばんおいしいんです。ところが、お客さんは待たされるのを嫌がるもんです。それなら待たされている間も楽しめるようにと考えました。それで、

「元祖蛸一、たこは命、水は命、水はアルカリイオン水、ダシは……、ソースは……、たこは……」

思いついたことを次々入れて、お客さんに読んでもらえる講釈を七つ八つつくりました。それを読んでもらってる間にたこ焼きができるという寸法です。注文を聞いたら、お客さんに声をかけるんです。

「これを読んでくださいよー」、そう言うてから焼き始める。

「へ〜え、いろいろこだわってんにゃ、なかなかすごいなあ」と感心されました。

さらにサイズをいくつかそろえました。

「名物たこ焼き、小皿・中皿・大皿」

それから「ピザたこ焼き」とか「スタミナたこ焼き」とか、新しいメニューをいくつもつくりました。

そうやって子どもがおやつに食べるようなたこ焼きではなくて、大人がテイクアウトして楽しめる上質のたこ焼きを目指しました。そやから値段も十二個入りの中皿で五百円。この値段のたこ焼きになると家に持って帰ってちょっと自慢できます。

いまで言うと「たこ昌」みたいなもんで、たこ焼きを高級品にしたんです。おかげでよく売れました。近くのロッテリアでアルバイトをしている若い子なんか、よく買いに来たもんです。豪華に見える長い爪楊枝と花がつお、それだけのちょっとしたことで人気が出るんだとわかりました。

商売ってなんでもいっしょ。流行っている店なり商品なりを徹底して観察すれば、そこに売れるヒントがちゃんとあるということです。

やってみたら商売ってなんでも面白いです。どうやったらたこ焼きが売れるか考えているときの楽しいこと。やってみて、それがあたったらまたうれしい。一日二万〜三万円売れました。たこ焼って原価は十パーセントもしないんです。材料は粉と水とタコだけ。正直、儲かりました。

たこ焼き屋は大繁盛したけど、思わんところでつまずきました。店の土地を借りていた地主さんからえらい怒られたんです。

「あんた、宝くじの店やて言うから貸したのに、なんでたこ焼き屋をやってるの」と。そのときは知らなかったけど、実は地主さんの知り合いだか親戚だかが近所でたこ焼き店をやってたんです。それでクレームがついてしまって、あえなく一週間で廃業することになりました。

どんな仕事にも価値がある！小学生の客から学んだこと

立ち食いうどんの「富くじうどん」は続けていた。割り箸に「当り！」と書いてあったらうどん代がタダになるという仕掛けも喜ばれ、店は繁盛したが、これも本業が軌道に乗りだすと手放すことに。もともとは副業の警備事業の資金繰りのために始めた、いわば副業のための副業だったから、本業が忙しくなり始めることで、その使命は終えたのである。しかし、これら副業経験から後の経営に役立つさまざまな知恵や気づきを、正一は得ている。自分の傲慢さに気づかされたのも、そのひとつだった。

聖隷福祉事業団の時代に僕は、日本で初めてホスピス事業が誕生する場面にいた。そして同じく日本で初めてのドクターズヘリの事業化に自ら取り組んだのだ、という強い自負心がありました。

ホスピスの概念も学んだし、いままた訪問入浴で福祉の世界を変えてやるんだ、という高い志をもっているんだと思っていました。

そやけど、現実には福祉の本業はうまいことといかんと、食べるためにガードマンをやったり、立ち食いうどん屋をやったり、露天商をやってる。聖隷時代は二十八歳で総理官邸に出入りして、俺はすごい男やと思っていたけど、聖隷福祉事業団という、わが国最大の社会福祉法人の後ろ盾がなくなったら、とたんにだれも相手にしてくれない。

「そうや！　〝俺はすごいねん〟という、その気持ちを捨てなあかん」

と気づいたのが、うどん屋をやってるときでした。

羽衣の駅前のわずか一坪の小さなうどん屋で、塾帰りの小学生が、おいしいおいしいと笑顔で食べてくれるのを見て気づきました。本業の福祉の仕事よりも喜んでもらえてるんです。

「ああ、うどん屋もええ仕事やなあ」

心底そんなふうに思ったときに初めてわかったんです。困ってる人を助けたいと思ってこの世界に入って、自分はすごいことをやってきたと自負していたけれど、いつの間にかすごく傲慢になってたんやと。

福祉は立派な仕事で、それ以外はただの仕事やと思い上がってた。そやけど、立ち食いうどんの店頭で、小学生がうどん一杯でこんな喜んでくれる。それを見て僕は感動したんです。

「福祉に限らず、どんな仕事にも社会的意義がある」

そのことに初めて気づいた。

そうや、俺は傲慢やったなあ、こんなんやってきた、あんなんやってきたと思ってた、俺は世の中で泣いてる人、困ってる人を助けてるから立派な人間や、といつの間にか錯覚してた。勘違いもええとこや、うどん屋も福祉も同じサービス業やないか、俺はえらいんやとそっくり返ってて成功できるわけないと、やっとわかったんです。

「福祉のことはだれよりよく知っている」という思い上がりは、畑違いの副業をいくつも経験するなかで消えていった。以降は、本業においても、人に頭を下げて教えを乞う謙虚さが大切なのだと自身に言い聞かせる正一だった。

その後、副業はすべて引き継ぎを希望する従業員に譲っていき、二〇〇二（平成十四）年四月のナスダック・ジャパン（現在はジャスダック）上場時には本業一本となっていた。

第9章　福祉の本業一本で躍進

介護はサービス業である
「人を喜ばせること」を実現することが
マーケティングの肝
介護サービスにおいてもまた然り

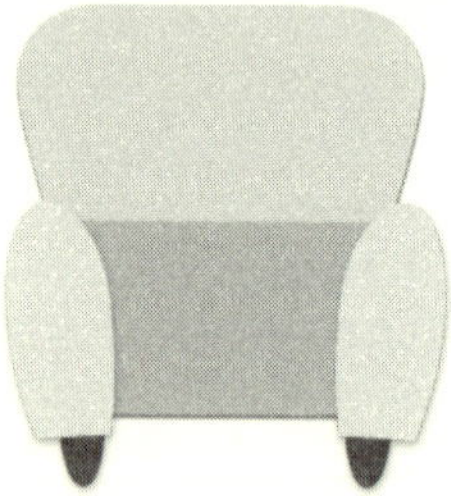

生涯忘れない、本業初のお客様

待ちに待った本業でのお客様第一号。起業して三ヵ月目のことだった。ガードマンの副業に汗を流しているとき、関西福祉事業社に一本の電話がかかってきた。副業の合間を縫うようにかけずりまわった営業活動の成果だった。

忘れもしない最初のお客さんは、フランスベッドの竹中さんという人の紹介でした。営業で挨拶まわりに行った先で知り合ったんです。その竹中さんがベッドを納品したお客さんのご家族が、訪問入浴を希望されているということでした。

僕らを呼んでくれはったのは奈良県生駒市にご自宅のある経営者の方でした。高齢のお母さんが家で寝たきりになっておられて、もう二～三年はお風呂に入っておられないということでした。

そのお母さん、お風呂につかったとたん、ほんまに気持ちよさそうな顔になりました。

「ええ塩梅《あんばい》や～」

と言うてくれはった。

そのときは四人で訪問したと思うけれど、僕も北村もみんな、お客さんのその言葉に感動しました。

「お風呂って、こんなに人が喜ぶものなのか！」

我ながらびっくりしてねえ。

あとになって北村が言うたんです。

「この仕事は一生続けないといけないと思った」

僕はもちろんその覚悟でしたけれど、改めてそのとき、その場で僕も北村と同じことを感じたんです。


その当時で訪問入浴のサービス料は一万五千円でした。ナースの人件費も入っているから高くつくお風呂です。地域によって料金は違いますけど、会社から遠い大阪府泉南の岬町では一万八千円くらい。二万円以上のところもありました。民間でやっていると、訪問入浴はある程度お金に余裕のある人しか利用できません。だから早く自治体からの委託を受けたかったんです。

自治体からの委託を受け、事業が軌道に

関西福祉事業社を設立したのが一九八六（昭和六十一）年十月のこと。成長軌道に向けての最初のステップは翌四月、兵庫県芦屋市から訪問入浴の委託業者として正式に指名を受けたことだった。

前に話しましたけど、中馬弘毅さんの秘書に山中健さんという人がおられて、いまは芦屋市の市長になっておられます。この方がその当時、芦屋市の市会議員になっておられました。それで山中さんを通じて芦屋市の担当部署に紹介していただいて、移動入浴車でのデモンストレーションを見ていただくことができました。

実は芦屋市ではすでに別の会社が訪問入浴サービスをしていて、訪問入浴が高齢者に喜ばれるということは担当者も理解されていました。ただ、従来のやり方はゴムボートにお湯を張ってお客さんを入浴させるという、簡便で原始的なものでした。僕らの優位性は一目瞭然だったので、芦屋市から正式に訪問入浴サービスの業務委託を受けることができました。一九八七（昭和六十二）年四月のことです。

実を言うと、それでもまだ本業では食べていけません。仕事があるのは月に五～六件でしたから。

この時期、移動入浴車も一台しかありません。まだまだ訪問入浴なんて珍しい時代やったです。そやからテレビ局が取材に来ることもありました。ホワイトボードの予定表が真っ白やったので、見栄を張りました。

「嘘でもええし、いっぱい書いとけよ」

そんなことを言うたのを覚えてます。それから半年ほどしてようやく、一ヵ月十五～十六件ぐらいになったんです。

芦屋市からの委託だけではフル回転とまではいきません。けれども、関西圏で「芦屋」という名前には大きなブランド力がありました。

「芦屋市の委託で仕事をやってます」

とアピールすることで、大阪府下の多くの自治体から次々と仕事がもらえました。大阪府の泉南市とか、僕の地元の高石市とか、芦屋市のあとは将棋倒しみたいなかたちで、どんどん委託が取れていったんです。専用の入浴車で各家をまわるサービスなんて、まだだれもやっていないし、競争相手がいないから、それはすごい勢いでした。
それでも二台目の車を購入できるまでにはだいぶかかりました。

日本一小さな老人ホームをつくったワケ

関西福祉事業社では訪問入浴と在宅介護と、ふたつのサービスメニューを提供していた。正一はさまざまな家庭に出向き、ときには唖然とするような介護の実態を目にした。現場で遭遇した問題を解決できない悔しさに歯ぎしりをし、打開策を探った先に、正一は現在のメイン業態へとつながる「都市型老人ホーム」という壮大な実験に、行きつくことになる。

創業して二〜三年目のころ、在宅介護にうかがったら、そこに糞便まみれの女性のお年寄りがいました。息子さんは地域の民生委員をやっておられる方です。あまりにひどい状態なので、僕もたまりかねて、息子さんに訴えました。

「こんなこと続けてたら、お母さん、しまいに病気になって長生きできませんよ」

そしたら言い返されました。

「そのために来てもろてるんやないか。あんたなんかに言われたないわ」

次に訪問したときはこんなことがありました。僕らがお母さんのお世話をしてたら、六十歳くらいの女性が入ってきたんです。玄関先にぽんとお昼ご飯を置いて、それきり黙ったまま出ていきました。すぐそこにお母さんが寝ているのに、「おはようございます」とか「どうぞ」とか一言も発することなく、無言でした。一瞬、「だれや？」と思ったぐらいで、僕らにも挨拶はありませんでした。

それで前からこのお宅に通っているスタッフに聞きました。

「いまの人、お手伝いさんか？」

「違います、息子さんの奥さんです」

それ聞いて驚きました。家族ならふつうは、ちょっとくらい声をかけるやろうと。

その家では、お母さんのオムツを換えていないから床が汚れて畳が腐ってました。うちのスタッフが入るまで長年そういう状態が続いていたようです。トイレも詰まっていて流れないし、家の中は汚れと臭気ですごい状態です。

こんな場所でうちのヘルパーさんを働かせられないと思いました。それにもうじき冬になってくるし、また息子さんに言うたんです。

「お母さんはまだ元気だけど、このまま放っておいたら亡くなってしまいますよ」

そしたらまた言い返されました。

「あんたに言われたくない」

えらい剣幕です。

「でも、職員もこんな状態で見て見ぬふりはできません。どこかに入院させはったらどうですか。せめて冬の間だけでも」

それでも息子さんは聞く耳を持ちませんし、結局、それ以上僕らにできることはありませんでした。


そのときに僕は思ったんです。在宅介護も大事だけれど限界がある、と。やっぱり自分たちで管理できる老人ホームをつくらないとだめだと。だけど、お金がないから賃貸物件を借りようと思いました。それで不動産屋をまわって、老人ホームやりたいんですと言うたけど、なかなか相手にしてもらえませんでした。

すると、しばらくして、大阪市阿倍野区の昭和町の不動産会社から電話がかかってきました。

「あんたの話を聞きたいて言うてる人がいる」

話を詳しく聞くと

「いま、つくりかけのマンションがあるさかい、これを老人ホームにしませんか？」

という打診でした。渡りに船の話やったけど、老人ホームにするとなればエレベーターをつけたり、それなりに改装するところもいろいろ出てくるということでした。

「マンション一棟分の保証金一千数百万円にプラスして、さらに五千万円いりますよ」

家賃が年間二千万円ほどやから五千万円は大きいなあと思ったけど、それでも夢の老人ホームができるならいいなあと、心が動きました。


もちろん五千万円なんて大金があるわけない。ガードマンとかでまだ兼業してる時代でした。それでお金を借りようと銀行をまわるけど、やっぱりどこも相手にしてくれません。ところが、三和銀行（その後、東海銀行・東京三菱銀行と合併して東京三菱ＵＦＪ銀行）堺北支店の、忘れもしません田中さんという支店長が連絡をくれたんです。

「もう一度話を聞かせてくれませんか」

うれしかったねえ、この言葉。

そこで僕はまた三和銀行へ行って三時間とうとうとしゃべりました。なんで町中に老人ホームが必要なんか。どんだけ必要とされてるか。そしたら、田中支店長は大きくうなずきました。

「わかりました。融資しましょう」

それで起業のときの資本金として富士造園の斎藤社長に借りてた三百万円を返済して、母親の家と土地の担保を外して、そこに新しく三和銀行が担保をつけて融資が下りました。それがうちの老人ホーム第一号「ロングライフ長居公園」です。

訪問入浴をやりながら、ガードマンをやりながら、うどん屋もやりながら、ようやくここまできました。一九九〇（平成二）年のことでした。

命名「ロングライフ」

現在の社名「日本ロングライフ」は、最初に売り出した老人ホーム「ロングライフ長居公園」（当初名称は「ロングライフペンション長居公園」）に由来している。では、どうして関西事業社から日本ロングライフへと社名変更になったのか。

「ロングライフ」という言葉には、あんまり語るほどのいわれはないですね。「シルバービジネス」とかいう言葉はすでにあったけど、それではありふれてるし、イメージも限定されるなあって思うてたんです。そんなとき、どこかで耳にした「ロングライフ」を、ええ言葉やなと思うて、まず老人ホームの名前にしたんです。「ロングライフペンションン長居公園」とね。「街の中のペンション」て意味で最初は名づけたけど、やっぱり「ペンション」はおかしいと思うて、あとになって取ったんです。

社名変更を考え始めたのは、東京に営業に行くようになってからのこと。当時の厚生省は一九八九（平成元）年に「ゴールドプラン」（高齢者保健福祉推進十ヵ年戦略）を策定して、そこでは市町村での在宅福祉対策の緊急実施、施設の緊急整備、特別養護老人ホーム・デイサービス・ショートステイなどの施設の緊急整備、ホームヘルパーの養成などによる在宅福祉の推進なんかが施策の柱として掲げられました。

一九九四（平成六）年には全面的に改定された「新ゴールドプラン」（高齢者保健福祉五ヵ年計画）が策定されます。

そういう行政の唱える在宅介護のなかで、いまもそうやけど、その当時いちばん家族がやりにくいのがお風呂に入れることでした。そんなわけで訪問入浴の業者の入札があちこちの自治体で始まっていたんです。

当然、僕ら関西事業社も関西の外、広島県の福山とか四国、九州にも営業に行くようになって、どんどん実績が上がり、ついには神奈川県川崎市の指名を受けることができたので、これからは首都圏を攻めようということで東京に事務所を開設したんです。一九九八（平成十）年、介護保険制度が始まる二年前のことです。

指名がとれたといっても実際に委託を受けたのは月間二十〜三十件とか、多くてもせいぜい四十件程度のことでしたけど、そこからだんだん増えていきました。やがて東京だけで移動入浴車が二〜三台動くまでになっていきました。

そんな関東圏の営業先で名刺を出すと

「なんでわざわざ関西から来られるんですか？」

と聞かれることが増えてきて、それで社名を変えないといけない、という話になったんです。

それで新しい社名を社内で募集しました。従業員がまだ五十人ぐらいのときです。新社名を集めたものの「宇宙福祉」とか「世界福祉なんとか」とか、あまりいいのが出なくて。僕の一存で「ロングライフ」にしようと思ったけれど、どうもロングライフだけでは弱い。営業で役所をまわっていると、縦名刺が基本なんです。そやから縦書きで座りのいい社名ということになると、どうもカタカナだけだと重みに欠けるんです。

それで御堂筋を歩いているときにハンバーガーチェーンのマクドナルドの支社かなんかがあって、その看板にあった社名が「日本マクドナルド」や、と気づいたんです。あの世界的に有名なマクドナルドかて、それだけやったら弱いけど、上に「日本」をつけたら、役所でも堂々と通じる、押しのある名前になる。これは発見でしたね。それで「日本ロングライフ」に決めたんです。そやからいまの社名はマクドナルドからもらったみたいなもんです。

社名変更は一九九八（平成十）年四月。関西福祉事業社という社名は創業以来使い続けてたから気に入ってました。でも、これからの仕事は、もう福祉という概念だけではあかんやろうと思ったから「福祉」という言葉を入れませんでした。

社名変更は、これから僕らはサービス業をやるんだという宣言かもしれません。僕らが日本ロングライフになってすぐに、関西福祉○○という名前の会社がいっぱいできました。

社長は会社にいるべし

日本初の都市型老人ホーム「ロングライフ長居公園」は、しかし、売れなかった。二十平方メートルほどの部屋がたったの十七室という「日本一小さな老人ホーム」だったのだが、それでも埋まることはなかった。正一は事務所に電話番を置いて、自らはガードマンの仕事をしながら、空き時間に病院などをまわって営業をしたが、入居申し込みは一切なかった。

あるとき、三重県の社会福祉法人の人から忠告されました。

「遠藤さん、あんたが来たお客さんを決めなあかん。あんたは動いたらあかん」

もちろん僕も最初は事務所にずっと座って電話を待ってたけど、お客さんがないもんだから、そのうち営業にまわったり、副業をやるようになって事務所を空けることが増えていました。

なにしろ黙ってても家賃だけはどんどん出ていくのだから、社長の僕がじっとしているわけにいきません。それで電話番の女性をひとり置いていたんですけど、やっぱりお客さんはゼロでした。

困ったなあ、おかしいなあ、問い合わせの電話が一本もないって変やなあと思って、妻に相談したんです。

「いっぺん、私がお客さんの振りをして電話してみよか」

ってことになったんです。

それで妻が電話をかけたら、電話番の女性が言うんです。

「もういっぱいです、満室でもう入れません」

これにはもうびっくりしました。あとで電話番の女性に理由を聞きました。

「空室ですと返事したら、自分の仕事が増えるから嫌やった」

「ただ給料がもらえたらそれでいい」

そんなふうに思ってたんやそうです。そういう人に最も大事な仕事を任せて、ずっと「異常」に気づきもしなかった僕の責任でした。ほんま恥ずかしい話だけれど、そのころって、そんなレベルの会社やったんです。


採用したけど、休んでばっかりの女性もいました。僕も副社長も交代で老人ホームの夜勤があるし、ガードマンにも行かないといけないから困りました。いつになってもその子が来ないから、どうしたかと電話すると、

「父が亡くなりました」

三日ほどしたらまた来ない。聞くと、

「母が入院しました」

「そうか頑張りや」

それでまた一週間後、今度は「叔父が」と言い出しました。

「買い物に行く」と言って事務所を出たきり帰ってこない人もいました。出たままで半日たっても帰ってこないから心配になって近所を探したらパチンコ屋にいたんです。

もうメチャクチャな社員がいました。それはなにも、社員のせいやないんです。僕らの労務管理が全然できていなかったということです。社員に対して、ちゃんと真面目に働こうと思ってもらえるだけの体制づくりができていなかったということなんです。

これはもうガードマンをやっている場合やない、やっぱり本業をちゃんとやらなあかんと思いましたねえ。

「ロングライフ長居公園」が成功した理由

本業に専念した甲斐あって、都市型有料老人ホーム「ロングライフ長居公園」の入居者が集まりだした。広さはわずかに二十平方メートルと二十四平方メートル。その存在が知られ、満室になってみれば、もともとニーズはあったのだと納得できた。

結局のところ、ほかではどこもやっていなかったサービスなんです。お金を払ったらだれでも入れる介護付き老人ホームというのは大阪市内にありませんでした。有料老人ホームはたくさんあっても、最初から介護が必要な人は入れなかったんです。僕らの老人ホームは身体の不自由な人をお世話しようということで始めた事業なので、介護レベルが重度の人でも受け入れたんです。そうすると特養に入れなくて困っていた人がたくさんおられて、そういう人が僕らのところに来ました。

それと、重要だったのはロケーションです。なんでも便利な大阪市内にあることがポイントでした。仮にだれでも入れる有料老人ホームがあったとしても、それはたいてい辺鄙な郊外で、家族がお見舞いに行くのも時間がかかる場所だったりします。でも、僕は最初から、つくるなら大阪市内でと思っていました。

郊外型で部屋が広くて空気のきれいなところって、環境は良いけれども、医療サービスがどうしても不十分になるんです。三百人とか四百人とか収容できる老人ホームをつくったとして、そこにクリニックを入れて運営するとなると大変です。土日も夜間も診療なんてできないし、診療科も内科だけとかになってしまう。

そもそもお年寄りといっても、それぞれ医療ニーズがバラバラなので、ひとつのクリニックで満足できるわけがない。最終的には総合病院を頼るようになるわけです。ところが、老人ホームを山奥につくってしまったら、通院するのにひと苦労です。郊外は一泊二日の旅行なら気分転換でいいけれど、もともと便利な街中で暮らしていた人が歳をとってから、そういうところで毎日生活をするのはたぶん耐えられないと思います。ぼく自身も耐えられないと思うから。

ある程度のまとまったお金を払って有料老人ホームに入ろうかというような人たちは、みんなそれなりの住宅街に住んでいます。病院には車で、あるいは歩いてでもいけるような場所に住んでいた人たちが辺鄙な場所に集められたら、それは不平不満がいっぱい出てきます。

それだったら街のど真ん中につくったらいい。医療、娯楽、外食、ショッピング……いろんな都市機能がそろっているのだから、それを活用すればいいと考えたんです。特に歯科医なんて、どこがいいとかは人によって全然違いますから。

もちろん市内には寿司屋があるし、うどん屋がある。和洋中華すべてある。ホームの食事が気に入らなければ外に食べに行けばいいんです。だから土地代はかかっても、最初から街の真ん中につくろうと僕は思っていたんです。

本業だけで会社がまわり始めた

「ロングライフ長居公園」が満室となり、入居待ちができるまでになった。創業から六年、本業だけでいけると、正一が確信できるときがきた。

「ロングライフ長居公園」は十七室しかなかったので、なんとか満室になって、入居待ちが出るようになってきました。それと一九九二（平成四）年に大阪市から訪問入浴の委託を受けたことも好影響でした。事務所も車も大阪市が用意してくれたおかげで、人もたくさん雇えるようになりました。それで有料老人ホームの二号館をつくろうと思ったんです。

折込みチラシとかやれるお金はなかったから宣伝なんてしてませんでした。それなのに、なんでお客さんが入り出したかというと、もちろん営業の成果もありますが、ほとんどがクチコミでした。直で来るお客さんはほとんどいなくて、病院とか社会福祉協議会とかからの紹介で入って来られるお客さんが大半でした。

病院や社協の人たちが、ぼくらの施設やサービスを見てくれて、評価してくれたんやと思います。それで一人紹介して喜ばれて、また紹介して喜ばれて、そういうかたちで一人また一人と、紹介が増えていきました。

一九九五（平成七）年の正月のことです。

母親が一階の事務所に降りてきて、副社長もみんなそろっているなかで、元旦から夢を見たと言うんです。

「恵比寿《えびす》さんと大黒さんが天から降りてきて、家の中にお金をぶわーっとばらまいてくれた夢を見たんや」

「今年は会社、ええんちゃうか」

母親はそれだけ言うて、また二階に上がっていきました。

すごく景気のいい話やから、それを聞いて、みんな喜んだねえ。

それで一号館が満杯になったし、目の前に土地が空いていたから、二号館もつくろうかという話になりました。

その年の四月に「ロングライフ長居公園二号館」をつくりました。それで一気に資金繰りが楽になりました。入居者からは保証金をいただいて、家賃も前受けします。たとえば三月分の家賃は二月にもらうわけです。

伸び盛りの企業がうまく事業拡大できないのは運転資金がないからです。僕らもずーっとそうでした。運転資金をどうするかがつねに悩みの種で、それでいっぱい兼業を始めた。そやけど、有料老人ホームを始めたおかげで、職員の給料もちゃんと払えるようになりました。資金繰りがすごく楽になったおかげでガードマンとかの副業はもうやめて、本業一本でやっていけるということになりました。

社員の大失敗も、すべてはトップの責任

これも創業して九年目の一九九五（平成七）年のこと。クリスチャン新聞「信徒の友」の求人広告を見て、ひとりの女性が面接を受けに来た。それが日本ロングライフ現社長の桜井ひろみだった。

求人広告のキャッチコピーを見てきたんでしょう。

「日本一小さな老人ホームで働きたいです」

そう言うて面接に来たのが桜井ひろみでした。

第一印象は、僕の目にはチャラチャラした感じの子に映りました。大阪芸大を出て、AV機器メーカーのビクターに就職して、それから舞台照明の会社に移ったという経歴を読んで、そんな華やかな世界にいた若い女の子に介護はできないやろうと、面接で落としたんです。

ところが、それでも彼女はあきらめずに、うちのクリスチャンの社員に頼み込んだんです。

「社長そんなこと言わないで、ダメだったらすぐに辞めてもらったらいいから、一度働いてもらったらどうですか。なにかあったら私が責任をとりますから」

その社員がそこまで言うて直訴してきたんです。

それで桜井さんが入社してきました。結果は僕の〝見立て違い〟で、ほんまはすごい頑張り屋だったわけですね。

そういうふうに採用して大成功した例もあれば、逆に社員に大変な目に遭わされたこともあります。

「ロングライフ長居公園」で、ドクターを職員として雇ってクリニックを開業したときのことです。このとき二ヵ月分のクリニックの家賃と二ヵ月分の人件費をまる損をしたんです。開業にあたって必要となる保健所への申請届けが二日遅れたせいです。それを提出に行くスタッフは最優先でやれと指示されていたにもかかわらず、後回しにしていました。おかげで何百万円というお金が無駄になって、これはあの当時、ものすごい痛手でした。

別の社員ですが、裁判所の競売物件の入札で、三百万円と書くべきところを一桁間違って三千万円と書いてしまったことがあります。三人の人間がチェックしていたにもかかわらず、ゼロを一個間違った。これも大損害です。二千七百万円の損。それだけ稼ごうと思ったら大変なことです。

こういうことは、みんな社長の僕が悪いと思ってます。僕がちゃんと確認しなかったからこんな結果になる。

経営者というのは、どんなことも、その人を選んで採用し、教育し、そのうえで仕事を任せた自分のせいだ、と言い切れないといけないと思っています。これまで三十年間いろんな痛い目に遭ってきましたけど、いい勉強をさせてもらったと思ってます。

第10章　さらなる挑戦

高齢者、障がい者……
だれもが主役になれる社会へ
与えるつもりが与えられている
それが介護の仕事の醍醐味

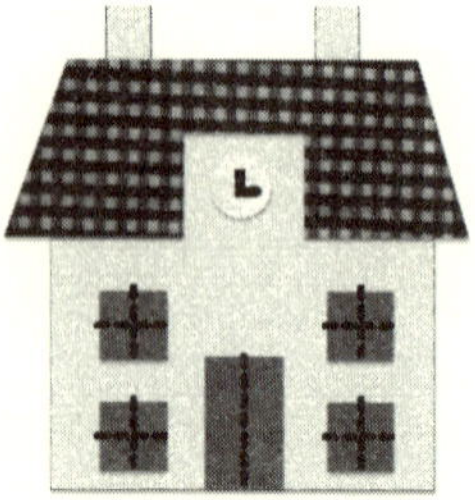

その後のロングライフの発展については複数の書籍に詳しい。一九八六（昭和六十一）年、日本で初めて高齢者介護サービスの株式会社を設立し、二〇〇二（平成十四）年、介護サービスの専門企業として日本で初めて上場（ナスダック・ジャパン＝現・ジャスダック）し、二〇一〇（平成二十二）年には中国で合弁事業を開始し、日本の有料老人ホームで初めて海外進出を果たした「日本初づくし」の快進撃。そうした、たゆまざる挑戦の原動力には、正一の理想と現実への怒りがあった。

社会福祉法人が利権になった

いまから三十年ほど前、正一が社会福祉の世界で仕事を始めたときに感じたのは猛烈な焦燥感だった。

「このままでは日本の社会福祉は絶対に行き詰まる」

「恩師、長谷川保たちが理想と情熱に燃えて、無から築き上げてきた日本の社会福祉が骨抜きにされてしまう」

そんなふうに正一は感じていた。創業三年目のことだった。

高齢化社会に備えて厚生省（現厚生労働省）から「ゴールドプラン」（一九八九年）、「新ゴールドプラン」（一九九四年）といった政策が打ち出され、猫も杓子も社会福祉ビジネスに吸い寄せられていった。その結果、起こったことはといえば、社会福祉法人の利権化だった。業者、官僚、政治家、ときには裏社会までもが複雑にからみ合う、巨大な利権の化け物が産声を上げたのだ。

理想的な老人ホームがあると言われて見学に行ったことがあります。会社をつくってまだ三年目ぐらいのころです。それまでに老人ホームはいくつも見てきているけど、そんな素晴らしいところならと、大阪府南部のそのホームに行ったんです。

駅から歩いて行ける、いいロケーションでした。

そこの社会福祉法人の理事長に聞いたんです。

「なんで老人ホームを始めたんですか」

すると、理事長は率直すぎるほど率直に答えてくれました。

「そら、あんた、先祖からの土地を守らんとあかんし、うちの子どもに仕事をつくってやらんとあかんしな。息子は郵便局に勤めてたけど、辞めさせて、いまはこれですわ、ええでっしゃろー」

これ、聞いたときは腰抜かしそうになったねえ。初対面の僕に、こんなにあけすけに本音を語るとは驚きでした。もっときれいごとを並べたあとで、「本音の部分ではね」と言うてちょこっと耳打ちするみたいなのではなくて。

ただ、その言葉の裏には本人なりに誇りもあるみたいでした。

「わしはこれでええことやってんねんで。地元の祭りには寄付して、わしが面倒みてるんや」

評判の良いところだと聞いていたけど、それがこんなレベルやったので、愕然としました。僕らが理想としている社会福祉の姿とはまったく違う世界やった。

土地があるからコンビニをする、というのと同じ発想です。そして子どもにその財産を継がせる。それがコンビニならええけど、社会福祉法人には税金が使われてるんやからねえ。

社会福祉法人は地域の篤志家、名士などが自らの財を提供して設立するケースが多い。ただし、補助金事業で公的側面が強いにもかかわらず、後任の理事長も自ら決めることができるため世襲制になっているホームも多い。また法人税を支払う必要がなく、副理事長は理事長の妻で、施設長は長男といった具合に、一族を職員として雇うことも珍しくない。

さらに、社会福祉法人の理事長は給与額を自分で決められるから「合法的に私腹を肥やす」ことも可能になる。社会福祉法人の制度全体の設計が、利権を生みやすい構造になっていることは否定できない。

「来るべき高齢化社会に備えて」という掛け声は立派やったけど、制度上は、職員が何人いるかとか、部屋の広さは何平米かとか、そういう形式基準だけを満たしたら社会福祉法人はスタートできました。

制度がつくられたのは、サービスの質よりも量だけが問われた時代です。そやからサービスを受ける人への配慮はないんです。それでも、なんにも産業のない地方にとって社会福祉法人は新しい地場産業になって、地元の人々に働く場所が見つかったことはよかったと言えます。

福祉という大義名分、雇用の促進という大義名分、そして高齢化社会への対応という大義名分。そんな美辞麗句をベタベタと貼り付けて、現実は社会福祉法人が建設会社とか役所を巻き込んだ、ややこしい利権になってしまいました。

生活費ゼロホーム

別の社会福祉法人を見学に行ったときには、老人ホームの各部屋に理事長の写真が掲げてありました。全部の部屋に写真があるんです。信じられんでしょ。

「この土地はわしが買うた。昔は道路も通ってない山奥やったんや。わしが老人ホームをつくると役所に言うたらバーッと道をつけてくれた。そらそやろ、年寄りとか障がい者の面倒を見ているんやから、それくらいやってもらわんとな」

理事長は堂々と胸を張って言いました。施設と同じ敷地のなかに立派な家があったので聞いたんです。

「ここは何なんですか？」

「これは研修センターや」

「そやけど表札が上がってましたけれど」

「実はわしの家や」

最後に本音が出ました。

「金は使わんかてええように考えてあるんや。テレビとか家具とかすべては社会福祉法人の備品で飯代もいらん。老人ホームの〝検食〟ということで、家族も利用者と同じものを食べているというかたちにしてるんや。研修センターやさかい、水道光熱費もいらん。そやから生活費はゼロや」

聞いていて開いた口がふさがりません。自家用車も社会福祉法人名義で、副理事長兼施設長は奥さんでした。

理事長は土建業の会社を経営していて、会社で利益が出たらそれは社会福祉法人に寄付して節税をして、奥さんからお小遣いをバックしてもらうということでした。

ここで挙げたんは特別ひどい例というわけやないですよ。僕はこれまでそういうのばっかり見てきました。

もちろんまじめに運営されてる良質な社会福祉法人もあります。ありますけど、そういう経営の乱脈ぶりが許される制度であることは確かです。

以前、僕は福祉関係の協会役員をやっていたことがあったんです。そこの会合が終わって外に出たら、お抱え運転手付きの車がずらーっと並んで待っているんです。みんなベンツとか高級車です。社会福祉法人は内部留保が何億もあって、施設長の年収は数千万クラスがゴロゴロいる。それが社会福祉法人の現状です。

社会福祉法人の限界

社会福祉法人の最大の問題は、形式基準さえ満たしていればそれでいい、ということ。サービスを受ける利用者（顧客）のことや、そこで働く従業員のモチベーションは後回し。そうしたホームではふつうの経営感覚は育ちにくいし、実際、非効率な運営になっていく。そこに社会福祉法人の限界があると正一は言う。

僕らのような株式会社の場合、お客様が百人おられても管理部門は二人か三人です。ところが社会福祉法人は同じ利用者数でも管理部門に何十人も必要になる。形式基準を満たすための書類が山ほどいるからです。事件事故で裁判を起こされることを恐れているんです。

なにかあったときに言い訳できるよう、「これだけやりました」という「証拠書類」をつくっておく。言うたら保身のためにコストをかけているんです。政府の補助金事業だから、経営努力をしようがしまいが、お客様が喜ぼうが喜ぶまいが、とにかく事故さえ起こさなければ、という世界です。

社会福祉法人を監督すべき役所は、天下りのポスト欲しさで、本来のチェック機能が骨抜きにされています。地方に行けば、社会福祉法人の施設長はほとんど自治体ＯＢです。部長とか局長とか、その人の役所内のポジションで天下り先が決まってる。ポストを用意する代わりに社会福祉法人は許認可を出してもらうんです。さらに補助金についてチェックすべき政治家も票と献金が欲しいからなにもしません。

その結果、社会福祉法人は利権に成り下がってしまったんです。福祉の志とか使命感がなくても形式基準だけ満たせばできるということで、わけのわからない人がいっぱい入ってきて、福祉利権にしていった。

役所は、僕らみたいな株式会社をコントロールしやすいんです。儲かってきたと思ったら介護保険報酬を引き下げたらいいし、事故や不祥事を起こしたら認可を取り消したらしまいです。

そやけど社会福祉法人は公益事業ということで、補助金を使うて、あの手この手で守っていく。でも、そういう仕組みは長期的に見たら必ず崩壊していくんです。農業も漁業も公共交通も、国からお金をもらって成功している産業はない。民間が立ち上がるほかに、地方や産業が活力を取り戻すなんてことはないんです。

「ローコスト・ハイケア」を徹底 究極はスタッフゼロホーム

介護をサービス業と捉えたうえで、民間ならではの知恵と工夫を入れるというのが、正一がこれまで進めてきたロングライフの経営だ。顧客満足と効率化という一見矛盾する命題も、発想次第で変えられると正一は信じている。その一例が「ローコスト・ハイケア」である。

日本の社会福祉法人は事件事故を起こして裁判で訴えられることを恐れて、事なかれ主義に陥ってる。その結果、利用者の「自分で何かしたい」という欲求を奪ってしまっている。そのことで自立度を奪っている。つまり過剰介護をやってるんです。

どういうことかというと、介護に人手をかけることがいいケアだと思っているんです。有料老人ホームのパンフレットで、いまだにスタッフが何人います、何対何の比率ですと自慢しているところがある。それはまったくお年寄りのことがわかっていないんです。

ほんとうは、お年寄りに日々の生活に満足してもらい、自分自身に自信を持ってもらい、達成感を持ってもらうケアをしなくてはいけない。

極端なことを言えば、スタッフがゼロの老人ホームをつくらないといけないと思っています。お年寄りだけで助け合って生きていけるぐらいのね。


老人ホームに入るまでは一人で暮らしているという人が多いんです。ところが、施設に入った途端、やることがないからぼーっとしてしまう。何か事故があったときに施設側は自分たちが責められるから、元気なお年寄りに何もさせないんです。

本人が自分で食べられるのに誤嚥性《ごえんせい》肺炎を防ぐためとかいって、スタッフが食べさせる。ケガを防ぐためなどという理由をつけてお年寄りに包丁を持たせない。そうやってお年寄りの力を奪っていってるんです。


ロングライフのグループホームでは、お客さんが来たらお茶を出してくれるのは入居されてるお年寄りです。案内してくれるのもお年寄り。うちの若いスタッフよりもはるかに案内上手だし、お茶出しも上手です。包丁を持って自分で料理もされます。

そうやってうちのグループホームでは、お年寄りはいきいき輝いておられます。

この「ローコスト・ハイケア」はオーストラリアに研修に行ったときに教わった言葉です。人手をかけないでコストを抑えること。そうすることで、お年寄りたちが自分でなんでもできるようになって、ケアの質が上がり、お客様満足も上がってくるというわけです。

老人ホーム過剰供給時代に

補助金漬けの社会福祉法人がこのまま残ることで、福祉産業が衰退していくだけでなく、福祉に魅力を感じてそこに自分の未来を賭けようとする若者がいなくなってしまうことを、正一は最も恐れている。

これからの社会福祉法人は、中学校の前にあったパン屋さんとか文房具屋さんと同じ運命をたどるのではないかと思うてます。これから高齢者問題は大変だと言うけれど、その上に「都会の」と、つけたほうがいいんです。

大阪、神戸、名古屋の一部、それから横浜、東京、千葉の一部くらいでは施設は足りないけれど、それ以外の地域では老人ホームは余っています。大阪でも五年もしないうちに余ってくるかもしれません。高齢者人口がピークを迎えた地域から順に、利用者は減り続けていくからです。

だから産業としての未来は高齢者福祉について言えば明るいとはいえません。現に大阪の大学でも社会福祉学部がどんどん減ってきています。学生たちも実習先の社会福祉法人の現実を知って幻滅するんです。

それはそうでしょう。理事長の奥さんが施設長をやってて、管理部門は書類作成ばっかりで、研修センターもない。採用活動は自前でできないから派遣ですませる。そんな社会福祉法人に優秀な学生が就職するはずがありません。

ロングライフの場合は福祉の仕事というよりは、新しいサービス業を創造するという切り口で海外にも事業展開していますし、新しくリゾート事業もスタートさせます。お客様も従業員もどちらもが満足できる場所をつくりたいと思っています。

ユニークで新しいことに挑戦していける人材を、どれだけ僕らがつくっていけるか。ロングライフにとっては、それがいちばん大きな課題だと思っています。

ロングライフという思想

次から次と、さまざまな事業に手を広げているロングライフという会社は、ほんとうは何がやりたいのかと不思議がられる。ブランド価値を高めるために海外展開を始めたのだと論評されることもあった。それは全然違うと正一は反論する。ロングライフというのは思想である。その思想をもっと広げていきたいというのが正一の考えだ。

僕が育ってきたみたいな母子家庭もそうやったけど、障がい者とか高齢者とか、世の中でいわゆる社会的弱者と言われている人たちがいます。それはある意味「社会的弱者」という言葉で保護しているように見せかけて、実際は差別しているということでもあるんです。僕らはそういう社会とか世の中の風潮と戦い続けてきました。

日本の高齢者人口は総人口の三分の一になってきています。それなのに、いまだに高齢者のことを、社会的弱者と捉えている国があり、社会があります。僕に言わせれば、高齢者であろうと障がい者であろうと、もっと明るく、いきいき、元気に生きるべきだし、現にそうできるんです。

障がい者はこういうかわいそうな人、母子家庭はこういう気の毒な人、高齢者はこういう弱い人、という決めつけをするのではなくて、いろんな人がそれぞれの幸福を追求できてこそ、ふつうの社会なんだということです。

僕は母子家庭で育ってきて、「母子家庭の子なんやからおとなしいしときや、さびしい顔をしときや、もっと貧乏くさくおりや」と、世の中からずっと言われてきたように感じています。それに対して母親は、母子家庭やろが貧乏やろが、元気に明るく生きて行きや、というメッセージを、ずっと僕にくれてきたと思っています。だから僕は、だれもが元気に明るく生きられる、そういう社会にしていきたいと思うてるんです。


そのためには、聖徳太子が悲伝院をつくってから千三百年といわれる日本の社会福祉の歴史のタブーに挑戦をしないといけないというのが、いま僕の背負っている使命感です。ロングライフがやっていることはその挑戦なんです。

日本の社会福祉の発想のなかには、ともすれば「お上が気の毒な人に恵んであげる」という「上から目線」があるように感じます。そういう傲慢な発想がある限り、福祉サービスや福祉制度は、もっぱらそれを提供する側の論理だけで語られてしまうことになります。

その結果、「福祉」を大義名分にして利権を貪り、蓄財して、自分たちはベンツに乗って、いい生活をしてきた人たちがどれだけいることか。「福祉」という言葉を天下御免の印籠のように掲げて、障がい者や母子家庭は与えられたもんを、ありがたく受けてたらそれでいいんだと言って、福祉を私物化してきた人たちがどれだけいることか。

ほんとうは福祉サービスを提供される受け手の側がどう感じるか、すなわちお年寄りや障がい者がどう感じるかが大事なはずです。なのに、だれもそこは議論しようとしない。そういう福祉界の風潮に対して僕らは反発し、そこを打ち破るべくチャレンジしてきました。

僕らが「お客様」と呼ぶ、福祉サービスを提供される側の皆さんが言うてくれはります。

「ロングライフの人たちは言葉遣いが丁寧」

「エルケアの人たちはみんな親切」

そういうおほめの言葉をいただくのは僕らが努力してきたことの結果です。

高齢者だからそんなことは無理、障がい者だからこれはやっちゃいけないと決めつけるのではなくて、一人ひとり異なるお客様のニーズを実現することがお客様の満足につながることを僕らは理解しているのです。それはふつうのサービス業に従事する者にとっては当たり前のことなのです。

福祉サービスのあるべき姿を、サービスを提供する側の論理ではなく、受ける側の論理で考え、発信していくこと。それが「ロングライフ」という思想であり、僕らがいま実践していることなんです。

「福祉もサービス業」と確信

僕らが介護サービスの株式会社として、なぜ日本で初めて上場できたか。それは福祉という仕事の原点がわかっていたからです。紙おむつを替えるのが上手だとかお風呂に入れるのが上手だとか、それはごく上辺のことにすぎません。僕らはお客様の満足をいつも考えてきたから上場できたんです。

顧客満足をつねに考えるということは、あらゆるサービス業に共通しています。すなわち福祉もサービス業であると早くから確信していたから顧客満足の実現をつねに追い求めてこられたのです。お客様のニーズ全体を考える発想があれば、身体介護なんて、顧客満足を実現するためのごく一部にすぎないことはすぐにわかります。

介護医療福祉系のこれまでの概念だと、ケア＝身体介護だと思われています。でも、僕らが考えるケアとは、「グッドフィーリング」を感じてもらうこと。そのために、もちろん質の高い身体ケアを提供しますが、そのうえで、さらにお客様のこれまで生きてこられた文化的背景を理解し、心地よい空間づくりをしていきます。

そうやってトータルでグッドフィーリング（心地よい環境）を感じてもらうことが、僕らの目指すべきケアなんです。だけど、これまでの日本の医療・福祉の世界では、身体介護だけやっていればいいと思っていたんです。それではお客様に満足も感動も提供できません。お客様はなにも、おむつ交換の上手なことを求めているのではないんです。

この国の福祉の世界では、女の人を○○ちゃん、男の人を○○君と呼んできました。あるいは「おじいちゃん」「おばあちゃん」と言ってきた。赤の他人が「おじいちゃん」「おばあちゃん」と馴れ馴れしく声をかける。そのおじいちゃん、おばあちゃんには「○○様」という名前がちゃんとあるのに。

もしも外の社会で、町中で、「そこのおばちゃん」と声をかけたら、だれも振り向かないでしょう。あるいは「失敬な！」と怒られるでしょう。そういう失礼なことを、福祉や医療の世界では平気でやってきたんです。

この前、うちの教会で、八十二歳の女性がすごく怒っていました。どうしたんですかと聞きました。

「今日バスに乗っていたら、お席を替わりましょか、と年寄り扱いされた。腹立つわー、私そんな歳に見える？」

「いや、十分見えますけど」と僕は言いかけたけど、その言葉は呑み込みました。

僕も中国に行って、北京でバスに乗ったときに、うちの中国人スタッフが席を替わってくれたんです。

「この人からしたら、俺はすごく年寄りに見えるんだなあ」

僕もちょっとがっかりしましたね。

「謝謝《シェシェ》！」

と言って快く替わってもらいましたけど。半分うれしいのと、半分ショックと、両方でした。たとえ親切で声をかけられたとしても、だれでも赤の他人に「おじいちゃん」「おばあちゃん」と言われたらムッとするもんです。

だから名前をお呼びするのが最低限の礼儀、マナーです。それなのにこれまで福祉・医療の世界では「○○様」とお呼びすることをだれもしなかった。一般常識だと考えられないことでしょう。

福祉の世界では、お客様相手と思っていないのです。その「おじいちゃん」「おばあちゃん」のなかに、もしかしたら自分の恩師がおられるかもしれない、自分が勤めた会社の社長が入っておられるかもしれないのに。でも、みんな十把一絡《じっぱひとから》げで、「おじいちゃん」「おばあちゃん」と呼んできたんです。

二十年前やけど、オーストラリアの施設を見学に行って、入居者をちゃんと名前で呼んでいたことが印象的でした。自分がどう呼ばれるかはすごく大事なこと。だれもが興味あるのは名前ですから。


ロングライフでは社員同士の呼び方も考えています。たとえば「遠藤社長」ではなく「遠藤さん」と呼ぶようにしています。役職ではなく個人名で。お客様にとっては社長であろうが今年入った新人の子であろうがいっしょだからです。

人によって扱いに差があるようではいけません。お客様の前ではスタッフはみんな平等でないと。だからロングライフでは互いを「〇〇さん」としか呼ばないようにしています。

「自分がされたいように」が、サービス業の基本

日本の高齢者介護の従来の概念では、頂点にドクターがいて、次にナースがいて、ヘルパーがいて、クリーンのスタッフがいて、というピラミッド状になっているんです。ドクターがいちばん偉くて、ナースがドクターの指示を受けて動くと。ところが、ロングライフでは違います。お客様が中心にいて、医療はあくまでも補助的な役割を果たします。なぜなら、お客様の人生、そして生活全体のなかで医療はほんの一部分の問題にすぎません。大部分は、食べること、遊ぶこと、装うこと、学ぶこと、眠ること……。すなわち生活です。

ロングライフのホームで最も大きな役割を果たすのは、お客様の生活全体を掌握する「ライフコーディネーター」という職種です。世の中の言葉で言うところの「ヘルパーさん」ですね。ロングライフでは、このライフコーディネーターの役割が最重要と位置づけています。

ライフコーディネーターは、お客様の生活すべてをサポートします。そのなかの重要な業務が先ほどお話ししたグッドフィーリング（GF）をコーディネート（C）していくこ

とです。このGFCを通じて、どうしたらお客様が自分らしく暮らせるのか、どのようにしてその人らしく生きていただくかということを、僕らは三十年間考え、実践してきました。

サービス業って難しいという人がいるけれども本当は簡単です。自分がやってもらいたいようにやったらいいんです。自分だったらこうしてもらいたい、自分はこういう言い方をしてほしい、こういうふうに扱ってもらいたいと思うことをやったらいいだけ。

でも、そうするためには逆にお客様の身になって考えないといけないし、自分の頭を柔軟にしないといけません。どんなことをすればお客様に喜ばれるのか、感動されるのか、具体的にどうすべきかについてはお客様への想像力がなくてはわかりません。想像するためにはお客様の文化的背景を知る必要があります。お客様はどういう経歴で、どんな時代、どんな社会を生きてこられたか、出身はどこか、育ったのはどこか、家族構成、友人関係、好きな食べ物、趣味、人生観……あらゆることを熟知したうえで、自分がされたいと思うサービスを心がけるだけです。

そういうことのできるライフコーディネーターをロングライフでは最も重視しています。だから医師がいちばん偉くて、ナースが次に偉いなんて考え方はロングライフにはありません。そして中心にいるのはもちろんお客様なのです。

最後に、〝サービス業の一丁目一番地〟とよく言われるのは第一印象です。どんなに資格があろうが、どんなに経験があろうが、いちばん大事なのは明るく元気で礼儀正しいこと。そして笑顔です。ブスッとしている人に上手にサービスされるのと、ニコッと笑って「私なにもできませんけれども」という人に作業されるのと、どちらが喜ばれるでしょうか。だからロングライフでは毎朝、笑顔の練習から一日をスタートします。いつも明るく元気で、そして笑顔でいたいものです。

＊コラム
血のつながりと愛情は無関係

僕らがお客様をケアするにあたって重視するのは、お客様その人にとってなにがいちばん大事なのか、です。ケアにあたって、みんな間違うんですけど、家族に代わって僕らがケアをするということではないんです。僕らはそれ以前にケアのプロです。プロだから僕らは家族の愛情を超えたサービスを提供できないとだめだということ。そこだけは肝に銘じておかんとだめです。

それはそれとして、血のつながった家族の愛情って尊いもんや、というのがふつうの考え方です。でも、血のつながりって、なんやろかって疑問に思うことが、この仕事をやってるとたびたびあるんです。

僕が聖隷福祉事業団にいたころに、こんなことがありました。

聖隷三方原病院で男の赤ちゃんが生まれました。かずあき（仮名）と名づけられたその子は生まれつきの四肢欠損でした。手足がないその状態で生まれてきたときに、両親は一度もかずあきを抱くことなく、殺してくれと言ったそうです。

それで、ある人が養子縁組をして自分の子どもとして育てることにしました

養父になったのは同じ聖隷グループの若葉保育園の園長だった小松先生でした。小松先生は、その子を「かずちゃん」と呼んで、自分の子どもとして一生懸命育てました。

かずちゃんは手足がないというだけで、賢くて、勉強もよくできました。元気よく滑り台に登れば、ブランコにも乗りました。それになんでも一生懸命努力する子でした。

ただ、いくら努力しても手足がないかずちゃんがスポーツをするにはハンディがありま

す。そこで小松先生は、ハンディがより少なそうな水泳に目をつけて、習わせることにしたんです。そうしたら、なんと体のひねりだけで上手に泳げるようになりました。

その後、かずちゃんは早稲田大学に進学して、卒業してからはパラリンピックの水泳の選手として活躍するまでになりました。


血のつながった親子の愛情、家族の愛情って、僕はそれほど信用してないんです。子どもを殺してしまう親はいくらでもいます。僕らはケアを提供する人の家族でも身内でもありません。そやからこそ、ケアのプロフェッショナルとしてどんな人も大切に、もっと言うと、世の中から見たら価値のない人、生産性のない人、無駄だと思われている人たちに寄り添うのが僕らの仕事です。

ロングライフのグループ会社「エルケア」のヘルパーがやっている障がい者支援という仕事がそれです。大きな体で大きな声で叫ぶ子どもがいます。本当の親ですら持てあましている子どもも、我々にとっては大切なお客様です。そのお客様がほんとうに心地よいと感じられるサービスを提供することが僕らの使命であり、誇りなんです。

＊コラム
一人ひとりが、かけがえのない存在

この仕事を始めたばっかりの三十一～三十二歳のころの僕も、まだまだ勘違いしていることがありました。聖隷でも頑張ってきたし、もういっぱしのプロやと思ってるからよけい始末におえません。なんでも自分の先入観でとらえてしまって、ほんとうのところはわかってなかったんです。

こんなことがありました。ゆきちゃん（仮名）という女の子、生まれながらにして目が見えない、耳が聞こえない、体の小さい女の子がいました。

このゆきちゃんのお母さんお父さんは、自分たちが年を取ったら、この子はどうしたらいいのだろうと悩んでおられました。

「それなら」と僕は言うたんです。

「大阪でいちばん評判の高い障がい者施設を紹介します」

と。

それでお母さんは、ゆきちゃんをその施設に預けられたんです。

ところが、今度僕が両親を訪ねたら、ゆきちゃんがまだ家にいたんです。

「どうしたんですか」

と聞いたら、お母さんは言うんです。

お母さんはゆきちゃんを施設に預けて帰るときに、食事の様子をちょっと離れたところから見ていたそうです。そしたら子どもたちを五人ほど丸く並べて、寮母さんが一人ずつ順番に食事を与えたそうです。

僕は何も知らずに、

「さすがですね」

と言いました。そしたら、

「何を言ってるんですか！」

とお母さんが怒り出しました。

「だけど一人のスタッフが五人の子どもに食べさせようと思ったら必然的にそうなるじゃないですか」

僕は思ったとおりを口にしました。そしたら、またお母さんに怒られました。

「何を言っているんですか！」

「その寮母さんは、食事の介助をしているときに、鉄仮面のように無表情だったんです。

それを見て私はもう情けなくて悲しくて、思わず飛び出して、子どもを連れて帰ってきました。ゆきは私にとったらかけがえのない子どもなんですよ」

そこまで言われて初めて僕は気がつきました。

効率を追求するあまり、そうやってケアが「作業」になってしまってはいけなかったんです。一人ひとりがかけがえのない存在なんですから。

ところが、日本の福祉の世界では、ケアが作業になって、毎日それがくり返されています。ほんとうはそうなってはいけないんです。

親を超える、あるいは家族を超えるケアを僕らは提供せんとあかん。どんな人もなくてはならない存在だと受けとめて、実の親以上に、家族以上に、愛情もって接すること。そのことを、僕らの一生の仕事にしようと、そのときに心の底から思ったんです。

エピローグ

明るく前向きに生きていれば
たぶん道は開けていく

半生を振り返れば、俯瞰する力で生きてきた

幼少期から学生時代、創業期、それ以降と、私自身の半生を振り返ってみました。ひとつひとつの出来事を思い出してみると、私はそのときどきでたぶん必死に生きてきたのでしょうが、苦難も挫折も、それなりに面白がっている、もうひとりの自分がいたのではないかという気がします。

たとえば大学卒業後、自衛隊に入隊する必然性はなにもなかったんです。そやけど、「おもろいちゃうんかな」と直感的に行動して、〝行動したらその経験から学んで次に活かす〟ということのくり返しでした。もうひとりの自分が自分の人生を上から見下ろして客観的に演出しているのではないかと思うほどです。

ロングライフの仕事でも、将来会社の歴史資料館ができたら、そこにこういうエピソードにまつわるモノや記録があれば面白いのではないかと思って行動しているところがあります。お客様とハワイで撮った写真も、ダイヤモンドヘッドを背景にして、こういうアングル

にしたら、いつか新聞広告や地下鉄の車内広告に使えるとか、その写真がこれからひとり歩きするだろうなあとか、その一瞬にいろんなことを直感的にイメージしながら写真を撮っています。その写真がどんなふうに使われるか、いまの自分の行動がどういう結果につながるのか、ゴールが見えている。それが俯瞰力です。

なぜそんな力がついたかといえば、小さいときから無意識のうちに「こうすれば、こういうことが起こって、こうなっていくだろう」ということが学べるだけの経験をいっぱいしているからです。そのおかげで、あらかじめゴールが見えるから、このイメージに持っていくためにはどうすればいいかと、前もって考えられるわけです。結論から逆算して、いまどうすればいいかを考えて生きるということですね。イメージできるから手が打てる。これが俯瞰脳のありがたいところです。

行動しながら考える人間がいなくなり世界で競争力を失ってきた日本

最近、中国や東南アジアの方々と仕事を通じてのお付き合いをしていて感じるのは、明治維新を成し遂げた、あの時代の日本人のような人々が、いまは中国やミャンマー、インドネシア、ベトナムにたくさんいるということです。

この人たちに共通しているのは冷静に考えてから行動するのではなくて、行動しながら考えているということです。スピード感あふれるアジアの人たちの行動力を見ていると、日本人はひょっとすると、このまま取り残されていくのではないかと心配になってきます。

こんな人たちと競争したら日本は勝てそうな気がしません。電機業界がまさにそうで、アジアに負けてしまいました。世界のソニー、パナソニック、シャープが赤字を垂れ流すようになって大規模なリストラをせざるをえなくなってしまいました。

松下幸之助が生きていた時代には、右脳と行動が一致しているからスピード感があったけれども、その後はあまりにもリスクの心配ばっかりして決断に時間がかかりすぎ、いつの間にか中国や韓国に抜かれてしまいました。同じことがすべての産業において起こる可能性があるのではないかと私は心配しています。

日本人がこれからのグローバル競争のなかで生き残っていこうと思ったら、脳の構造を変えるしかありません。明治維新をやり抜いたときのように、感じながら行動するという人間が出てこなければ、日本は世界で競争力を失ってしまうのではないでしょうか。

いい大学に入って、いい会社に入ることが幸せだ、という単線的な価値観がいまの社会に蔓延しているように思います。その一因をつくったのが、何から何まで子どもの面倒を見る過保護な親たちです。

一方で、そうした親が敷いたレールに乗れなかった子どもは異常に反発して不可解な行動に走ってしまう。そういう両極端が目立つように思います。

生き方は人の数だけ多様であっていいのです。たとえば中学を卒業してパン屋さんになる人、大工さんになる人がいてもいい。汗を流して手に職をつけるとか肉体労働をするのはどうもとかいう社会の風潮があって、とにかく高校に入って大学に入って大企業に行くことが幸せになる道、というふうに価値観が画一化されていることが、子どもたちの可能性を奪っている気がしてなりません。生き方の多様性を細らせることで日本人は活力を失い、世界のなかで競争力を削がれているのではないでしょうか。

ハチャメチャでいい
人生もっと面白おかしく

私はリスクを冒すどころか、借金だらけのリスクまみれで会社を起こしました。その後も七転八倒、試行錯誤をくり返しながら、なんとか事業を続けてきました。

「こんな生き方もええんちゃうの」

ということが、まずはこの本で言いたかったことです。

自由に、ハチャメチャに、ただ直感で突き進んできました。それでもこうしてやってこれた見本を示したかったのです。

いまは安泰というつもりは毛頭ありません。二〇〇八（平成二十）年のリーマンショックでは、かなり厳しい経営の舵取りを迫られました。赤字が二期続いて役員はみんな給料も役員報酬もカット。私は二百何日、休みなしに営業の先頭に立ってお客様に接しました。それだけ働くと頭がぼーっとしてくるけれど、ここで歯を食い縛って乗り切らないと、お客様に迷惑をかけるし、従業員に迷惑をかける。

その前年でした。エルケアの株式を取得してグループ会社にして、さらにコムスンの大阪府における在宅介護事業を継承したのは。

「新しいスタッフを引き受けたけれども、その人たちがまた嫌な思いをするようなことにしたらあかん、えらいこっちゃ！」

血相を変えながらも、どこか瞬間瞬間を楽しんでいる自分がいるのです。

そんな自分をつくってくれたのが私の母親だったのですね。私の母親は、子どもがあちこち自由に飛びまわって、どんなやんちゃをしても、いつでも安心して帰れる航空母艦みたいな存在でした。

小さいうちは親に限らず、そういうだれかが、そばにいて見守ってあげるのが大事だということも、この本で言いたかったことです。

「もっと人生、面白おかしく、明るく前向きに、生きてみようか!」

そんなふうに思っていただければ、著者としてこんなにうれしいことはありません。

遠藤正一

〈著者紹介〉
遠藤正一（えんどう　まさかず）
1955年6月、大阪府高石市生まれ。
中学生で「素人名人会」（毎日放送）敢闘賞、高校生で同番組漫才部門名人賞、ラジオ番組お笑い勝ち抜き戦で「王者」となる。1974年、近畿大学法学部入学。自閉症の子どもを預かる学習塾、「廃品回収 遠藤商会」、ひな人形のトップセールスなどを学生時代に経験。大学卒業後、自衛隊、北海道で酪農、与論島のレジャー手配師などを経て、衆議院議員秘書、聖隷福祉事業団で日本初の救急医療ヘリコプター会社の設立等に奔走。1986年、ロングライフホールディング株式会社の前身となる関西福祉事業社を設立。現在同社代表取締役社長。

おもろい人生
ここにあり！

定価（本体1400円+税）

2015年10月1日初版第1刷印刷
2015年10月8日初版第1刷発行
著　者　遠藤正一
発行者　百瀬精一
発行所　鳥影社 (www.choeisha.com)
〒160-0023 東京都新宿区西新宿3-5-12トーカン新宿7F
電話 03(5948)6470, FAX 03(5948)6471
〒392-0012 長野県諏訪市四賀229-1(本社・編集室)
電話 0266(53)2903, FAX 0266(58)6771
印刷・製本　モリモト印刷・高地製本

ISBN978-4-86265-534-9　C0034